# SEYCHELLEN

# SEYCHELLEN

Franz Binder

## Tausend Meilen außerhalb der Welt

BUCHER

# Inhalt

Seite 1: Feenseeschwalben brüten auf verschiedenen Inseln der Seychellen.
Seite 2/3: Die Grande Anse auf La Digue besticht durch ihre monumentalen Granitformationen.
Seite 4/5: Einige der wildromantischen Palmenbuchten der Seychellen sind nur zu Fuß oder per Boot erreichbar.

Die meisten Bewohner der Seychellen sind Kreolen und haben französische und afrikanische Wurzeln.

Viele der üppig blühenden Pflanzen wurden erst von den Siedlern auf den Seychellen eingeführt.

Auf den Seychellen leben die größten Landschildkröten der Welt.

Die Steinfrüchte der Seychellenpalme sind die größten Pflanzenfrüchte der Erde.

Die Seychellen sind weltweit die einzigen Granitinseln im offenen Meer.

Auf den Inseln der Seychellen brüten jedes Jahr Millionen von Seevögeln.

In Äquatornähe sind die Tage und Nächte das ganze Jahr über gleich lang.

# Granit
# und Korallen

Ein Inselparadies im Indischen Ozean

ausend Meilen außerhalb der Welt!« Was Touristen heutzutage nach romantischer Verlockung exotischer Trauminseln klingt, war für den englischen Gouverneur, dem dieser Ausspruch über die Lippen kam, eher ein Stoßseufzer. Noch weiter weg von der Heimat mit all ihren lange entbehrten Bequemlichkeiten hätte man ihn nun wirklich nicht entsenden oder vielleicht gar strafversetzen können. Die »Tausend Meilen außerhalb der Welt« sind nämlich keinesfalls symbolisch gemeint. Mahé, die Hauptinsel der Seychellen, liegt tatsächlich etwa 1600 Kilometer – gut 1000 Meilen – östlich des afrikanischen Festlandes. Nach Osten hin erstreckt sich das offene Meer Tausende von Kilometern weiter bis Indien, Sri Lanka und Indonesien. Die Inseln der Seychellen, wie eine Handvoll Perlen ins endlose Blau des Indischen Ozeans gestreut, stehen für einen weltabgeschiedenen tropischen Garten Eden, abseits wichtiger Schiffsrouten und erst seit weniger als 250 Jahren von Menschen besiedelt.

## Ein uraltes Stück Erde

Dabei gehören die Seychellen – zumindest ihr Kerngebiet, die granitenen Inneren Inseln – zur ältesten Landmasse unseres Planeten. Als vor etwa 200 Millionen Jahren der südliche Urkontinent Gondwanaland zerbrach und seine Einzelstücke Südamerika, Afrika, Indien, Australien und Antarktis auseinanderdrifteten, entstand der Indische Ozean. Noch heute stoßen in den Tiefen

*Der Granit, aus dem die Inneren Seychellen bestehen, ist eines der ältesten Gesteine der Erde.*

dieses Meeres drei Kontinentalplatten aneinander – die afrikanische, australische und antarktische. Nahe der nordöstlich von Mauritius gelegenen Insel Rodrigues berühren sich sternförmig alle drei. Während die indische Landmasse nach Norden trieb, brach ein großes Stück von ihr ab und blieb im neuen Ozean zurück – das Mahé-Plateau, auf dem sich die 41 Granitinseln der Seychellen erheben. Nirgendwo sonst auf der Welt gibt es mitten im offenen Meer Inseln aus Granitgestein; alle anderen sind entweder vulkanischen Ursprungs oder bestehen aus Korallenkalk. Zwar waren auch Madagaskar und Sri Lanka Teile des Urkontinents Gondwana, doch blieben diese großflächigen Inseln sehr nahe am afrikanischen beziehungsweise indischen Festland. Daher nahmen sie naturgeschichtlich eine völlig andere Entwicklung als die isoliert im Ozean gelegenen Seychellen.

Der Granit des Mahé-Plateaus und seiner Inseln ist eines der ältesten Gesteine der Erde, etwa 650 Millionen Jahre alt. Das harte Granitgestein entstand aus Magma tief in der Erdkruste, wurde nach oben gepresst, kühlte über Jahrmillionen an der Oberfläche aus und verhärtete sich zu großen Kristallen.

Interessanterweise bestehen die Inseln aus verschiedenen Granitsorten, was schon an der Farbe ersichtlich ist. Sind beispielsweise die Granitberge Mahés grau bis graubraun, so schimmern die Felsen von Praslin und La Digue rötlich und orange. Die Inseln Silhouette und North hingegen setzen sich nur zum geringeren Teil aus

Granit zusammen, zur Hauptsache aber aus Syenit, einem dem Granit ähnlichen Gestein, das »erst« vor ungefähr 40 bis 60 Millionen Jahren durch vulkanische Aktivität entstand.

Das Mahé-Plateau war noch vor ungefähr 15 000 Jahren, während der letzten Eiszeit, eine zusammenhängende Landfläche, denn der Meeresspiegel lag damals um bis zu 80 Meter tiefer. Heute ruht der etwa 20 000 Quadratkilometer große Granitsockel in einer Meerestiefe von nur 30 bis 75 Metern, fällt an seinem Rand aber bis auf 1800 Meter ab. Die gebirgigen Granitinseln, die sich aus dem seichten Meer des Mahé-Plateaus erheben, waren aber auch hoch genug, um selbst in jenen Zeiten noch über den Meeresspiegel hinauszuragen, als die Pegel der Ozeane auf Höchststände stiegen. Aus diesem Grund konnte sich auf den Seychellen eine einzigartige Flora und Fauna ohne wesentliche Störung über Jahrmillionen erhalten. Die Granitberge zweier Inseln wachsen besonders hoch aus dem Meer heraus – der höchste Gipfel Mahés, der Morne Seychellois, ist 905 Meter hoch, der höchste Berg von Silhouette, der Mont Dauban, 740 Meter. Die Granitinseln liegen relativ nahe beisammen – von jeder Insel hat man Sichtkontakt mit einer oder mehreren Nachbarinseln.

Alle anderen Inseln der Seychellen bestehen aus Korallenkalk und Sand. Auch die Granitinseln besitzen fast alle vorgelagerte Korallenriffe und am Nordrand des Mahé-Plateaus haben sich auf Sandbänken sogar zwei kleine Koralleninseln gebildet – Bird und Denis. Sie gehören zu den niederen Koralleninseln, die sich nur maximal zwei bis drei Meter über den Meeresspiegel erheben. Auch die meisten Inseln der Äußeren Seychellen sind dieser Inselart zuzurechnen, die kaum älter als 3000 Jahre ist. Die übrigen Inseln und Atolle der Äußeren Seychellen gelten als hohe Kalksteininseln, ragen sie doch bis zu acht Meter über den Meeresspiegel hinaus. Entstanden sind sie durch die Aktivität uralter, längst versunkener Vulkane. Doch auch sie sind mit einem Alter von etwa 2,5 Millionen Jahren erdgeschichtliche Babys, verglichen mit den Granitinseln der Inneren Seychellen. Außerdem befanden sie sich in ihrer Geschichte mehrfach komplett unter Wasser, was das Leben auf ihnen jedes Mal zur Gänze auslöschte. Erst vor etwa 130 000 Jahren tauchten sie zuletzt wieder auf.

Bereits dieser kurze geologische Überblick macht deutlich, dass die Inneren Inseln auf dem Mahé-Granitplateau die »eigentlichen« Seychellen sind. Auch in geschichtlicher, politischer, kultureller und wirtschaftlicher Hinsicht sind sie das Zentrum des über eine Meeresfläche von über einer Million Quadratkilometer verstreuten Inselstaates. Alle 25 Verwaltungsbezirke der Seychellen befinden sich auf den drei großen Granitinseln Mahé, Praslin und La Digue, wobei der Distrikt La Digue auch die übrigen Inneren Seychellen abdeckt. So gut wie die gesamte Bevölkerung lebt dort und nahezu alle Touristen verbringen auf den Inneren Seychellen

Die eindrucksvollen Granitformationen sind das Wahrzeichen der Seychellen.

ihren Urlaub – auf den Äußeren Inseln gibt es nur zwei kleine Resorthotels. Die meisten Äußeren Inseln sind unbewohnt oder für Reisende nicht oder kaum zugänglich. Für Aldabra, das zum UNESCO-Weltnaturerbe zählt, ist für Besucher sogar eine Sondergenehmigung erforderlich. Nur einige wenige Wissenschaftler bewohnen die winzige Ansiedlung mit Forschungsstation.

## Menschen entdecken das Paradies

Millionen von Jahren lag der Archipel von Menschen unberührt in den Weiten des Indischen Ozeans. Wann sich der erste menschliche Fußabdruck in den Sand eines Seychellenstrandes prägte, kann nur vermutet werden. Bereits in der Antike gab es im Indischen Ozean Seehandel zwischen Asien, Afrika und Europa, wie altägyptische, phönizische, indische, chinesische und griechische Quellen bestätigen. Persische und arabische Seefahrer segelten schon im ersten vorchristlichen Jahrtausend vor den Ostküsten Afrikas und haben vielleicht die Seychellen entdeckt. Auch malaiische Seeleute, die von Südostasien aus erstmals Madagaskar besiedelten, könnten auf die Inseln gestoßen sein. Doch Beweise dafür gibt es nicht.

Erst im 9. Jahrhundert erscheinen die Seychellen auf einer arabischen Karte. In Aufzeichnungen des arabischen Händlers Al Mas'eudi und des bedeutendsten arabischen Reisenden des Spätmittelalters, Ibn Battuta, der mehrfach über den Indischen Ozean segelte, ist von

»hohen Inseln jenseits der Malediven« die Rede. Dass es wahrscheinlich Araber waren, die erstmals auf den Inseln landeten, lassen auch die alten Gräber für Matrosen eines arabischen Handelsschiffes vermuten, die auf der Insel Silhouette gefunden wurden.

Ab dem frühen 16. Jahrhundert sind die Seychellen auch auf Seekarten der Portugiesen zu finden, wo sie häufig »sieben Schwestern« oder »die Brüder« genannt werden. Schon die Araber hatten die Seychellen als »Zarin« bezeichnet, »Schwestern«. Auch die Äußeren Seychellen wurden um diese Zeit von portugiesischen Seefahrern entdeckt; Vasco da Gama konnte erstmals die Koralleninseln der Amiranten auf seinen Karten einzeichnen, João de Nova stieß auf das Farquhar-Atoll. Man kann davon ausgehen, dass sich die Portugiesen, wie schon die Araber vor ihnen, auf den Inseln mit Trinkwasser und Proviant versorgten. Ansiedlungen oder andere Spuren haben sie jedoch nicht hinterlassen. Daher konnten sich die Mitglieder der vierten Expedition der britischen East India Company, die im Januar 1609 die Granitinseln Mahé, Sainte Anne, North, Silhouette und Praslin erkundeten, als erste Europäer wähnen, die ihren Fuß auf diese menschenleeren Eilande setzten. Sie entdeckten »nicht das geringste Anzeichen dafür, dass jemals ein Mensch hier gewesen wäre«.

Im 17. und 18. Jahrhundert nahm der Schiffsverkehr im Indischen Ozean stark zu. Portugiesische, französische, britische und holländische Frachtschiffe brachten

Auf der Insel Sainte Anne begann 1770 die Besiedelung der Seychellen. Heute gehört die Insel zum gleichnamigen Marine-Nationalpark und bietet ein Luxusresort der Beachcomber-Gruppe.

Gewürze und andere Schätze auf den neu entdeckten Seerouten von Indien und Südostasien in ihre Heimathäfen. Stützpunkte und Siedlungen entstanden auf den größeren Inseln des Indischen Ozeans wie Mauritius, Réunion und Madagaskar, die Seychellen aber blieben isoliert und unbewohnt. Das ließ die Inseln als Schlupfwinkel für Piraten interessant werden, die auf ihre Art vom Aufschwung der Seefahrt im Indischen Ozean profitierten. Ab 1685 ist immer wieder von Seeräubern die Rede, die eine Gefahr für die reich beladenen Schiffe der großen Handelsnationen darstellten. Englische, französische und amerikanische Korsaren waren aus der Karibik in den Indischen Ozean gewechselt, weil sie im Meer zwischen Afrika und Asien ungestörter operieren konnten. Captain Kid, »Long John« Avery, »der Schrecken von Indien« George Taylor oder der »La Buse« – Bussard – genannte Olivier le Vasseur verbreiteten mit vielen anderen für etwa 50 Jahre Angst und Schrecken unter den Handelsleuten und sollen auch reiche Beute gemacht haben. Noch heute wird auf den Seychellen nicht nur Seemannsgarn von sagenhaften Piratenschätzen gesponnen, sondern es wird immer wieder aufwendig danach gegraben – mit geringem Erfolg allerdings.

## Unter französischer Herrschaft

Doch die Zeiten, in denen nur gelegentliche menschliche Besuche die Unberührtheit der Seychellen störten, waren bald vorbei. Im November 1742 landete der französische Kapitän Lazare Picault im Südwesten einer großen Insel, die er »Insel des Überflusses« nannte. Noch heute trägt die Bucht, vor der er ankerte, den Namen Baie Lazare. Die Insel wurde später nach dem Auftraggeber der Expedition getauft, dem französischen Gouverneur von Mauritius, Bertrand François Mahé de Labourdonnais, der gesamte Archipel erhielt den Namen Îles de Labourdonnais. Schon nach wenigen Tagen verließen die Schiffe Mahé wieder, beladen mit 600 Kokosnüssen und 300 Riesenschildkröten. Noch ein zweites Mal wurde Kapitän Picault von seinem Gouverneur auf Erkundungsfahrt nach Mahé gesandt, doch erst am 1. November 1756 erfolgte die offizielle Inbesitznahme von Mahé und der umliegenden Inseln durch die Franzosen: Der irische Expeditionsleiter Nicolas Morphey ließ einen »Stein der Inbesitznahme« mit dem französischen Wappen am Hafen des heutigen Victoria aufstellen. Nun erhielt der Archipel auch seinen endgültigen Namen – nach dem Finanzminister von König Ludwig XV., Jean Moreau de Séchelles. Pläne, die Inseln zu besiedeln, blieben allerdings noch viele Jahre unverwirklicht. Zwar wurden weitere Expeditionen von Mauritius aus auf die Seychellen geschickt, etwa 1768 die Schiffe »La Digue« und »La Curieuse«, die auf Praslin landeten (benannt nach dem französischen Marineminister, dem Herzog von Praslin), doch erst im August 1770 gingen 14 französische Siedler mit ihren afrikanischen Sklaven an der Insel

Der 1903 erbaute Uhrturm im Zentrum von Victoria ist das Wahrzeichen der einzigen Stadt der Seychellen.

Sainte Anne vor Mahé an Land. Ein Jahr später wurde eine weitere Gruppe französischer Arbeiter mit Sklaven entsandt, um auf Mahé, an der Anse Royal, einen botanischen Garten anzulegen. Auch die Engländer begannen sich für die Seychellen zu interessieren. 1771 besuchten zwei britische Schiffe Mahé, Bird und die Amiranten. Da es immer wieder Streit zwischen den französischen Siedlern gab, wurden 1778 schließlich 15 Soldaten auf Mahé stationiert. Ihr mit einem Laden, einem Hospital, einem Gästehaus und einem Gefängnis ausgestattetes Lager wurde zur Urzelle der späteren Hauptstadt Victoria.

Die französischen Siedler, die Zeitverträge unterschrieben hatten, nach deren Ablauf sie nach Mauritius oder Frankreich zurückkehren konnten, gaben sich wenig Mühe, die Landwirtschaft zu entwickeln. Stattdessen versuchten sie, auf bequemere Art reich zu werden: Sie verkauften Riesenschildkröten als Proviant an vorbeikommende Schiffe und begannen Edelholzbäume zu fällen. 1772 wurde in dem Versuch, das holländische Gewürzmonopol in Südostasien zu brechen, neben anderen Gewürzen die Zimtpflanze eingeführt, die sich zu einem wichtigen Wirtschaftsfaktor entwickeln sollte. Mit Monsieur Hangard ließ sich im gleichen Jahr ein französischer Siedler auf Sainte Anne nieder, der nicht nach Ablauf seines Vertrages die Inseln verließ, sondern zusammen mit seinen Sklaven eine effektive Landwirtschaft begann. Allmählich florierten nun die Siedlungen. Zwar kam es 1780 aufgrund eines Missverständnisses zu einem Rück-

schlag, als de Romainville, Kommandant der kleinen Garnison auf Mahé, die Zimtpflanzungen an der Anse Royal niederbrennen ließ, weil er sie nicht den Engländern in die Hände fallen lassen wollte. Ein vermeintlich britisches Schiff war in der Bucht von Victoria aufgetaucht. Als geklärt war, dass es sich doch um ein französisches handelte, war es bereits zu spät.

Trotzdem siedelten sich nun immer mehr Menschen auf den Seychellen an. Schon 1785 war die Bevölkerung auf mehrere hundert angewachsen, wobei die Sklaven die große Mehrheit stellten. Louis Jean Baptiste Philogène de Malavois, der von 1789 bis 1792 Kommandant der Seychellen war, machte die landwirtschaftliche Bearbeitung des Landes, das jedem neuen Siedler zugeteilt wurde, zur Pflicht und schuf ein Gesetzeswerk, das in seinen Grundstrukturen bis heute gültig ist. Mit der Französischen Revolution regten sich auch auf den Seychellen Unabhängigkeitsgedanken. Man wollte sich von der Verwaltung auf Mauritius befreien und rief eine eigene, von den freien Siedlern gewählte Kolonialversammlung ins Leben, welche die Inseln zu einer autonomen Kolonie erklärte. Doch Frankreich entließ den fernen Archipel nicht in die Unabhängigkeit. Stattdessen wurden auf den Seychellen Corsaires stationiert, die mit ihren Schiffen die britische Handelsflotte im Indischen Ozean angriffen und ausraubten – Piraterie in staatlichem Auftrag.

1794 kam als neuer Kommandant der Chevalier Quéau de Quinssy nach Mahé, der das für kurze Zeit erlassene Verbot der Sklavenhaltung wieder aufhob und die Wirtschaft der Inseln in Schwung brachte. Er gründete eine Schiffswerft und ließ mehrere Gewürzplantagen anlegen. Auch erwies sich Quinssy als kluger Diplomat, der sich gewandt zwischen den Fronten der verfeindeten Mächte Frankreich und England bewegte. 1794 wollten die Engländer dem Unwesen der Corsaires ein Ende bereiten und griffen mit vier Kriegsschiffen Mahé an. Den 1200 englischen Soldaten mit ihren 166 Kanonen hatte die Handvoll auf Mahé stationierter französischer Soldaten nichts entgegenzusetzen. Noch am Tag des Angriffs unterzeichnete Quinssy die Kapitulation und ließ die englische Flagge hissen, handelte aber aus, dass weder die bestehende Verwaltung noch das Eigentum der französischen Siedler angetastet werden durfte. Auch die Corsaires nutzten heimlich weiterhin den Hafen von Mahé. Insgesamt elfmal setzte sich Quinssy auf diese Weise mit den Engländern auseinander: Er kapitulierte, wenn britische Schiffe vor Mahé erschienen, versorgte die Engländer mit Proviant und Wasser und zog den Union Jack auf; doch sobald die Briten abgesegelt waren, ließ er wieder die französische Trikolore am Flaggenmast wehen.

Selbst als die Engländer 1810 Mauritius eroberten und damit faktisch auch Besitz von den Seychellen ergriffen, blieb Quinssy gelassen. Am 21. April 1811 nötigten britische Kriegsschiffe den französischen Kommandanten ein letztes Mal zur schon gewohnten Kapitulation, diesmal aber nahmen sie die Seychellen endgültig in eng-

lischen Besitz. Quinssy anglisierte daraufhin seinen Namen in Quincey und wechselte in den Dienst der englischen Krone. Bis zu seinem Tod im Jahr 1827 übte er unter dem neuen englischen Gouverneur Barthelemy Sullivan das Amt des Friedensrichters aus und vermittelte erfolgreich zwischen den alteingesessenen französischen Siedlern und den neuen englischen Inselherren. Barthelemy Sullivan hatte von seinen Untertanen allerdings keine besonders hohe Meinung: »Sie scheuen sich nicht, die Engländer zu betrügen, wo immer es nur geht.«

Nach der Niederlage Napoleons im fernen Europa gab England im Vertrag von Paris den Franzosen einen Großteil des annektierten kolonialen Besitzes zurück, Mauritius und die Seychellen jedoch verblieben in britischer Hand, was 1815 auf dem Wiener Kongress ratifiziert wurde.

## Von der britischen Kronkolonie zur Unabhängigkeit

Obwohl Lebensstil und Kultur der Bewohner der Seychellen – der Seychellois – weiterhin französisch geprägt blieben, brachte die englische Herrschaft einschneidende Veränderungen mit sich. Schon 1812 wurde der Sklavenhandel verboten, allerdings erst um 1830 faktisch beendet. 1839 schrieb ein Gesetz die Befreiung aller Sklaven auf den Seychellen fest. Da der Anteil der Sklaven an der Gesamtbevölkerung der Inseln bis zu 90 Prozent betrug,

Große Drachenblutbäume säumen den Weg zu einer 1875 errichteten, aber längst wieder verfallenen Missionsschule in den Bergen von Mahé.

hatte dies gravierende Auswirkungen. Die meisten der befreiten Sklaven zeigten wenig Neigung, als »Lehrlinge« gegen geringen Lohn für ihre ehemaligen Herren zu arbeiten, sondern gingen lieber fischen und bauten auf ihren kleinen Parzellen an, was sie für den eigenen Lebensunterhalt benötigten. Die großen Plantagen verfielen, die Seychellen stürzten in eine wirtschaftliche Krise. Viele Siedler wanderten nach Mauritius aus. Bis 1840 halbierte sich die Bevölkerung fast – auf gerade noch 4360 Menschen. Die verbliebenen Pflanzer stellten meist auf Kokospalmen um, da diese Plantagen mit nur wenigen Arbeitskräften zu bewirtschaften waren. Gegen Ende des 19. Jahrhunderts kam die Vanille als wichtiges Wirtschaftsgut dazu. Die Einwohnerzahl stieg wieder an, auch weil Sklaven, die im Indischen Ozean von englischen Schiffen arabischen und europäischen Sklavenhändlern abgejagt worden waren, auf den Seychellen angesiedelt wurden. Zudem nutzten die Engländer, wie vor ihnen schon die Franzosen, die Seychellen als Verbannungsort für zahlreiche unliebsame Personen, meist aus den Kolonien in aller Welt.

Auch die moderne Technik hielt auf den Inseln Einzug: 1893 wurde mit einer Telegrafenleitung nach Sansibar und Mauritius die erste Nachrichtenverbindung hergestellt. Um die Jahrhundertwende lebten bereits etwa 20 000 Menschen auf den Seychellen und ab 1903 wurden die Seychellen nicht länger von Mauritius aus verwaltet, sondern zur autonomen britischen Kronkolonie

erklärt. Einige Inseln der Äußeren Seychellen wurden erst jetzt – und sogar später noch – dem heutigen Staatsgebiet der Seychellen eingegliedert. Im Ersten Weltkrieg machte die Wirtschaft der Seychellen erneut eine schwere Krise durch, ebenso im Jahr 1929 und während des Zweiten Weltkriegs. Armut und Kriminalität breiteten sich in diesen schwierigen Zeiten rasant aus.

Nach dem Krieg kurbelte England den wirtschaftlichen Aufbau seiner ohne Subventionen nicht überlebensfähigen Kolonie an. 1948 erhielten die Bewohner der Inseln beschränktes Wahlrecht, das sich nach dem Grad der Alphabetisierung und dem Besitzstand richtete. Als 1964 zwei politische Parteien gegründet wurden, begann der Weg in die Unabhängigkeit. Die SDP (Seychelles Democratic Party) trat für die Integration der Inseln ins britische Königreich ein, die SPUP (Seychelles People United Party) hingegen für die Unabhängigkeit. 1967 wurde das allgemeine Wahlrecht eingeführt. Die Seychellois entschieden in einer Volksabstimmung aufgrund der wirtschaftlichen Unsicherheit, zunächst unter britischer Oberherrschaft verbleiben zu wollen. England, das den Seychellen 1970 beschränkte Autonomie einräumte, gab erneut Investitionsspritzen: 1971 wurde der Internationale Flughafen in Betrieb genommen und ein Jahr später der neue Hafen gebaut. 1976 schließlich entließ England die Seychellen in die Unabhängigkeit. James Mancham, Chef der SDP, führte als erster Staatspräsident der Republik Sesel, so der kreolische Name des souveränen Staates,

Die Insel Bird ist eine der beiden Koralleninseln der Inneren Seychellen am Nordrand des Mahé-Granitplateaus.

eine Koalitionsregierung mit der SPUP seines Rivalen Albert René, der als Premierminister fungierte. René nutzte 1977 die Abwesenheit des Präsidenten zu einem unblutigen Staatsstreich, in dem er mit militärischer Hilfe Tansanias die Macht ergriff. Fortan steuerten die Seychellen den Kurs einer »sozialistischen Demokratie« in einem Einparteiensystem. Erst 1993 wurde eine Mehrparteiendemokratie in einer neuen Verfassung verankert. Albert René hielt sich aber in allen Wahlen nach altem und nach neuem System an der Macht, bis er 2004 sein Amt dem bisherigen Vizepräsidenten James Michel übergab, der in der Wahl von 2006 knapp bestätigt wurde. Seine Aufgabe, die Seychellen ins 21. Jahrhundert zu führen, ist nicht leicht, hat der Inselstaat doch mit wirtschaftlichen Struktur- und Liquiditätsproblemen sowie einem hohen Haushaltsdefizit wegen der enormen Abhängigkeit von Importen zu kämpfen. Trotzdem stehen die Seychellen mit einem Bruttosozialprodukt von etwa 8000 US-Dollar pro Kopf an erster Stelle aller afrikanischen Länder. Armut und Hunger sind unbekannt, Bildungssystem und Gesundheitswesen gut.

## Arche Noah der Natur

Doch die soeben umrissene Geschichte der Menschen auf den Seychellen ist nur ein Augenzwinkern, gemessen an den Millionen von Jahren, in denen die Granitinseln ganz der Natur gehörten. Wie an kaum einem anderen Ort auf unserem Planeten konnten sich Flora und Fauna über schier unendliche Zeiträume hinweg ungestört von menschlichem Einfluss entwickeln. Zwar haben die Menschen seit der Besiedlung der Seychellen das Paradies stark beeinträchtigt, doch sind manche der Inseln und die Schutzgebiete auf größeren Inseln noch heute eine Arche Noah der Natur und bieten zahlreichen einzigartigen Tier- und Pflanzenarten Lebensraum. Die Regierung der Seychellen ist sich der Besonderheit ihrer Inseln bewusst und hat fast die Hälfte der knappen Landfläche unter Naturschutz gestellt. Auch manche Inselbesitzer haben die unwiederbringliche Kostbarkeit der natürlichen Schätze erkannt und setzen auf sanften Ökotourismus. Zwar kommen die meisten Touristen der schönen Strände und des kristallklaren, in zahllosen Nuancen von Blau und Türkis schimmernden Meeres wegen auf die Seychellen, doch ist dies nur die Faszination des ersten, oberflächlichen Blickes. Der unschätzbarste Reichtum der Seychellen liegt in der Flora und Fauna.

Aufgrund der Millionen Jahre währenden Isolation der Seychellen mitten im Indischen Ozean, des Fehlens unterschiedlicher Klimazonen und der geringen Landfläche leben auf den Inseln, verglichen mit anderen tropischen Ländern, nur verhältnismäßig wenige Pflanzen- und Tierarten. Dafür sind auf den Seychellen viele Arten endemisch, das heißt, sie kommen weltweit nur auf einer oder mehreren Inseln des Archipels vor. Auf dem Aldabra-Atoll beispielsweise sind über 20 Prozent der Flora

Die Noddy-Seeschwalbe nistet auch auf Kokospalmen.

endemisch. Gemessen an ihrer Landfläche weisen die Seychellen die weltweit höchste Rate an endemischen Tier- und Pflanzenarten auf. Das ist nicht weiter verwunderlich, wenn man bedenkt, dass die Inneren und Äußeren Inseln zusammengenommen nur 455 Quadratkilometer groß sind. Zum Vergleich: Eine andere weltberühmte »Arche Noah der Natur« – die vor etwa zwei bis drei Millionen Jahren durch vulkanische Eruptionen entstandenen Galapagosinseln – verfügt über ein Vielfaches dieser Fläche, nämlich mehr als 7800 Quadratkilometer.

Insgesamt zählten die Biologen auf den Seychellen bislang 75 endemische Pflanzenarten. Darunter der seltenste und urtümlichste Baum der Welt, der Seychellen-Quallenbaum (*Medusagyne oppositifolia*), der lange als ausgestorben galt, bis 1970 in den Bergwäldern von Mahé noch einige Exemplare entdeckt wurden. Oder die nicht minder rare Wright's Gardenie (*Rothmannia annae*), die nur auf der »Vogelinsel« Aride wächst.

Viele der endemischen Pflanzen- und Tierarten sind uralt und waren schon vorhanden, bevor sich das Mahé-Plateau von Gondwanaland ablöste. Da die Lebensformen auf den Seychellen über Millionen Jahre hinweg ungestört blieben, »verschliefen« die Inseln so manche einschneidende Stufe der Evolution. So blieben auf den Seychellen Großreptilien tonangebend, während diese auf den Kontinenten von den Säugetieren abgelöst wurden. Die berühmten Riesenschildkröten der Seychellen

gehören zu den ältesten Tieren überhaupt. Diese Zeitgenossen der Dinosaurier haben sich seit fast 200 Millionen Jahren kaum verändert. An der Spitze der Nahrungskette auf den Granitinseln aber standen die Krokodile der Mangrovensümpfe und Flüsse. Diese einzigen Großraubtiere der Seychellen wurden jedoch von den Siedlern rasch ausgerottet. Schon 1810 soll auf La Digue das letzte Krokodil erlegt worden sein. Landsäugetiere hingegen kamen auf den Seychellen überhaupt nicht vor. Zu weit im Ozean liegen die Inseln, als dass »neue« Landtierarten auf bei niedrigem Meeresspiegel vorübergehend auftauchenden Landbrücken hätten zuwandern oder auf Treibholz durch Meeresströmungen vom Festland hätten angeschwemmt werden können, wie dies bei anderen, näher an Kontinenten liegenden Inseln der Fall war, etwa dem weiter südlich im Indischen Ozean gelegenen Madagaskar mit seiner riesigen Ausdehnung und den vielen verschiedenen Klimazonen.

Neuankömmlinge auf den Seychellen mussten im Meer oder in der Luft anreisen. Daher waren die einzigen Säugetiere, die vor Ankunft des Menschen auf den Seychellen lebten, Flughunde und Fledermäuse oder aber Meeressäuger wie Wale, Delfine und Seekühe.

Eine besondere Eigenart teilen sich die Seychellen mit anderen Inseln: Manche Lebensformen entwickelten sich entweder zur Riesengröße oder zum genauen Gegenteil. Die bis über 30 Meter hohen Seychellenpalmen auf der Insel Praslin etwa tragen die größten Baumfrüchte der

Die fleischfressende Kannenlilie wächst nur in den Gipfelregionen der gebirgigen Inseln Mahé und Silhouette.

Erde und entfalten Blattfächer, die mit über sechs Metern Länge ebenfalls zu den größten weltweit zählen. Auch die Riesenschildkröten sind ein Beispiel für den Gigantismus der Natur auf den Seychellen. Selbst unter Wasser kann man Giganten begegnen: Der größte Fisch der Welt, der Plankton fressende Walhai, ist häufiger Gast in den Gewässern der Seychellen. Andererseits lebt in den Bergregionen von Mahé und Silhouette der kleinste Frosch der Welt, der *Sooglossus gardineri* mit nur knapp über einem Zentimeter Länge.

Es versteht sich von selbst, dass ein solch abgelegenes Inselreich ohne Landraubtiere zu einem Paradies für Vögel wurde. Bis heute zählen die Seychellen zu einem der wichtigsten Brutgebiete für eine Reihe von Seevogelarten. Millionen von Vögeln brüten jedes Jahr auf verschiedenen Inseln der Inneren und Äußeren Seychellen und viele Zugvogelarten machen auf den Inseln Station. Unter den zahlreichen Landvögeln gibt es 26 endemische Arten und Unterarten.

## Das Paradies verändert sich

Erst als die Seychellen vor nicht einmal 250 Jahren von Menschen besiedelt wurden, kam es zu drastischen Veränderungen im Inselparadies. Die europäischen Seefahrer schwärmten vom Reichtum der Natur, den Kokosnüssen, Fischen und Vögeln, von der Leichtigkeit, mit der »wir die Schildkröten ohne weiteres mit unseren Stöcken

erschlagen konnten«, und dem kostbaren Holz niemals zuvor gesehener riesiger Bäume. Diesen frühen Besuchern und etwas später auch den ersten Siedlern galt die Natur lediglich als Quelle wichtiger Ressourcen, die man rücksichtslos ausbeuten konnte.

Die Siedler machten zunächst die tieferen Lagen der Inseln für die Landwirtschaft urbar. Wälder wurden gerodet, die begehrten Edelhölzer abgeschlagen. Einige endemische Baumarten mit einzigartiger Holzqualität für den Haus- und Schiffsbau wurden ausgerottet, noch bevor sie wissenschaftlich beschrieben werden konnten. Ein Beispiel ist der Bois de Fèr, der Eisenholzbaum (*Vateria seychellarum*), einst der größte Baum der Seychellen mit extrem hartem Holz. Von ihm haben sich glücklicherweise einige wenige Exemplare bis heute erhalten. Statt der Urwälder dehnten sich bald Plantagen in Meeresnähe und der Gewürzanbau an den Hängen der Berge immer weiter aus. Die ursprüngliche Vegetation musste für Kokospalmen, Baumwolle, Tee, Tabak, Cashewnüsse, Gewürze und andere Wirtschaftspflanzen weichen. Die Siedler brachten aber nicht nur Nutzpflanzen auf die Seychellen, auch Blumen und andere Ziergewächse gelangten mit den Menschen auf die Inseln, gediehen prächtig in den Gärten und vermischten sich mit der ursprünglichen Vegetation. Zudem wurden im Lauf der Zeit viele Arten von tropischen Früchten eingeführt.

Mit den Siedlern kamen erstmals auch Landsäugetiere auf die Inseln – Rinder, Schweine, Ziegen und

Zwischen den Granitfelsen öffnen sich manchmal nur kleine Sandbuchten, wie hier auf der Insel Frégate.

Kaninchen. Dies beeinträchtigte die natürlichen Lebensräume vieler einheimischer Tiere. Andere auf den Seychellen beheimatete Tierarten wurden durch Jagd ausgerottet: die als gefährlich geltenden Kaimane und Krokodile, die Seekuh (Dugong) mit ihrem wohlschmeckenden Fleisch und die Riesenschildkröten auf den Granitinseln. Die zahllosen Seevögel, die auf den Seychellen brüten, wurden durch intensives Eiersammeln oder den rücksichtslosen Abbau von Vogeldünger (Guano) stark dezimiert, ebenso durch bislang unbekannte Räuber, die ebenfalls im Gefolge der Menschen angereist waren: Ratten, Katzen, Hunde, Raubvögel.

Das natürliche biologische Gleichgewicht, das sich auf den Seychellen über Millionen Jahre erhalten hatte, wurde in nur wenigen Jahrzehnten empfindlich gestört. Die auf dem Boden brütenden Vogelarten oder auch Vögel, die das Fliegen verlernt hatten, weil sie auf ihren Inseln keine Feinde fürchten mussten, waren den Räubern hilflos ausgeliefert. So hat beispielsweise im gesamten Indischen Ozean nur eine einzige flugunfähige Vogelart überlebt – die Weißkehlralle (*Dryolimnas cuvieri aldabranus*) auf Aldabra. Das grandiose Naturschauspiel der zahllosen brütenden Seevögel lässt sich heute nur mehr auf wenigen ratten- und katzenfrei gebliebenen kleineren Inseln erleben – auf Aride, Bird und Cousin sowie auf einigen Inseln der Äußeren Seychellen.

Nicht selten wurden die Tiere der Seychellen, die den Menschen nicht als Feind kannten, zum reinen Zeitvertreib umgebracht. Über die Vögel der Seychellen berichtete beispielsweise ein früher Inselgast: »Sie waren so zutraulich, dass wir sie mit Stöcken von den Zweigen schlagen konnten.« Den Riesenschildkröten nutzten weder die enorme Körpermasse noch der feste Panzer, um sich gegen Menschen zu schützen. Zu Hunderten und Tausenden wurden die schwerfälligen Tiere entweder zum Vergnügen erschlagen oder eingefangen und als lebender Proviant auf die Schiffe verladen.

Vor der Kolonisation waren die Granitinseln dicht mit tropischem Urwald und Buschwerk bewachsen. Mangrovenwälder und Sümpfe säumten die Küsten, Wälder mit riesigen, bis 40 Meter hohen Bäumen wuchsen auf dem trockenen Land die Berghänge bis etwa 300 Meter empor. Ein zweiter Waldgürtel mit niedrigeren Bäumen schloss sich bis auf 600 Meter Höhe an, mit verschiedenen endemischen Baum- und Palmenarten, Kräutern, Buschwerk und Orchideen. In den Lagen darüber gedieh der feuchte tropische Nebelwald, der sich in den schwer zugänglichen Gipfelregionen von Mahé und Silhouette bis heute erhalten hat. Die auffälligste Pflanze dort ist die endemische, fleischfressende Kannenlilie (*Nepenthes pervillei*). Die ursprüngliche Vegetation der Seychellen ist nur noch in diesen hohen Bergregionen oder in Schutzzonen wie dem Vallée de Mai auf Praslin zu finden. Den meisten heutigen Reisenden fällt diese drastische Veränderung der Vegetation aber kaum auf. Für sie verströmen selbst die großen Kokospflanzungen

Das Vallée de Mai auf Praslin gehört seit 1983 zum Weltnaturerbe der UNESCO.

exotisches Flair, gelten doch gerade die schlanken Kokospalmen an langen weißen Sandstränden als romantische Symbole für tropischen Traumurlaub.

## Gewürze, Kokos, Guano und Touristen

Für die Seychellois waren die Produkte der Kokosplantagen über lange Zeit wichtigstes Wirtschaftsgut. Noch heute sind knapp 20 Prozent des Landes, fast die gesamte landwirtschaftlich nutzbare Fläche, mit Kokospalmen bewachsen. Die anspruchslose, sandigen Boden bevorzugende Kokospalme ist eine Nutzpflanze der Superlative. So gut wie all ihre Teile finden vielfältige Verwendung: Wurzeln, Stamm, Blätter, die junge Nuss mit ihrer vitamin- und nährstoffreichen Kokosmilch, die Hülle der reifen Nuss, das Fruchtfleisch als Nahrungsmittel oder Quelle für Kopra und Kokosöl sowie der als Delikatesse geltende Keimling. Kopra, das getrocknete und meist geschnetzelte Fruchtfleisch, aus dem durch Auspressen Kokosöl gewonnen wird, welches wiederum für eine Vielzahl von Produkten wichtig ist, war bis in die Neuzeit bedeutendstes Exportgut der Seychellen. Seychellen-Kopra, vor allem das auf den Amiranten gewonnene, gilt als das qualitativ hochwertigste der Welt. Doch im letzten Viertel des vergangenen Jahrhunderts gab der Kopramarkt stark nach. Zugleich stieg der Tourismus zur mit Abstand wichtigsten Einnahmequelle der Seychellen

auf. Andere bedeutende Wirtschaftsfaktoren des Inselstaates waren der Gewürzanbau, vor allem Zimt und Vanille, und die Gewinnung von Guano, jener phosphor- und stickstoffreichen Ablagerungen der Exkremente von Seevögeln, die seit Urzeiten auf den Inseln brüten. Der als Dünger verwendete Guano war wichtiges Exportgut der Seychellen und wurde beispielsweise für die Zuckerrohrplantagen auf Mauritius benötigt. Der intensive Abbau von Guano, zum Beispiel auf den Inseln Assumption und Astove, hat aber die Natur dort schwer geschädigt. Heute ist neben dem Tourismus die Fischerei, vor allem die Verarbeitung von Tunfisch, hauptsächlicher Wirtschaftsfaktor. Außerdem hat die Regierung Fischereirechte an andere Nationen verkauft, deren Schiffe in der 200-Meilen-Wirtschaftszone des Inselstaates kreuzen dürfen. Fisch, Kokosnuss und verschiedene Früchte wie etwa die Brotfrucht sind noch immer Grundnahrungsmittel der Seychellois. Kein Wunder, denn fast alles andere muss aus dem Ausland importiert werden.

Dass sich die Seychellen auch heute dem Besucher als Naturparadies präsentieren, ist einem rasch wachsenden Bewusstsein der Regierung für Naturschutz zu verdanken. Das Einrichten von Nationalparks und Schutzzonen, der Verzicht auf Massentourismus sowie viele Naturprojekte haben dafür gesorgt, dass die Inseln allen Veränderungen zum Trotz eine faszinierende Arche Noah der Natur geblieben sind. Und noch immer leben auf den Seychellen mehr Riesenschildkröten als Menschen …

Die frei auf der Insel Bird lebende Esmeralda ist die größte, schwerste und vermutlich auch älteste Landschildkröte der Welt.

Blick über die Hauptinsel Mahé.

Die Insel Cousin (links) ist eines der wichtigsten Vogelreservate der Seychellen, die Insel Cousine (rechts) befindet sich in Privatbesitz.

Flügge gewordene Rußsee-
schwalben unternehmen
erste Flugversuche am
Strand von Bird Island.

Desroches gehört zur Inselgruppe der Amiranten und
bietet neben Alphonse das
einzige Touristenresort der
Äußeren Seychellen.

Die Insel Round ist nur durch eine flache Meerenge von Praslin getrennt. Im Hintergrund die Insel La Digue.

53

Blick von der Westküste
Mahés auf die vorgelagerte
Insel Thérèse.

Die Insel Frégate befindet sich in Privatbesitz und bietet eines der exklusivsten Luxusresorts der Welt. Anfang des 18. Jahrhunderts nutzten Piraten die Insel als Stützpunkt, später wurden hier Gewürze und Früchte angebaut.

Links: Die Anse Patates auf La Digue ist ein wildromantischer Tropenstrand wie aus dem Bilderbuch.

Rechts: Auf der Insel Curieuse finden sich Granitfelsen, die zu besonders bizarren Formen erodiert sind.

Wuchtige und oft wie moderne Skulpturen geformte Granitfelsen machen den besonderen Reiz vieler Seychellenstrände aus.

Die Steilküsten im Norden der Insel Aride dienen zahlreichen Seevögeln als sicherer Brutplatz.

Je nach Richtung des Passat-
windes rollen große Wellen
an jene Strände, die nicht
durch vorgelagerte Korallenriffe geschützt sind.

Links: Eine Allee aus alten
Kasuarinen führt ins Innere
der Koralleninsel Denis.

Rechts: Die Strände der
Koralleninseln unterliegen
ständiger Veränderung. Das
Meer nimmt immer wieder
am Strand wachsende
Bäume mit sich. Das ausge-
bleichte Holz wird auch als
Treibgut an anderen Inseln
angespült, wie hier an
einem Strand
der Insel Denis.

Bei Ebbe legen Fischer
ihre Reusen im flachen
Wasser aus.

Viele Seychellois leben eng
verbunden mit dem Meer.

Fangfrischer Fisch liegt
jeden Morgen an den
Marktständen aus.

Brotfrucht und
Fisch sind bis heute
Grundnahrungsmittel
der Seychellois.

Victoria ist die einzige Stadt der Seychellen und zugleich eine der kleinsten Hauptstädte der Welt.

Ein großer Mangobaum spendet den Obstständen am Markt von Victoria seinen Schatten.

Am Markt von Victoria herrscht statt Hektik kreolische Gelassenheit.

Menschen und Reiher sind
gleichermaßen »Kunden«
im Fischmarkt von Victoria.

Wenn am Samstagmorgen
auf dem Markt Hochbetrieb
herrscht, müssen auch
die Kinder der Händler
mithelfen.

Die Seychellois sind
fröhliche, stets zu einem
Lachen aufgelegte
Menschen.

Diese Dame wurde noch als britische Untertanin geboren. Die Seychellen erlangten erst 1976 die Unabhängigkeit.

Rund zwei Drittel der Seychellois sind jünger als 35 Jahre.

In kleinen Ansiedlungen, wie hier auf der Insel North, ist manchmal eine Riesenschildkröte der einzige Spielkamerad.

Viele Kinder auf den Seychellen wachsen in engem Kontakt mit der Natur auf, wie dieser Junge, der ein verletztes Sperbertäubchen in Obhut genommen hat.

Links: Das Klima der Seychellen erfordert ganzjährig nur sehr leichte Bekleidung.

Rechts: Die auf Jamaika entstandene Rastafari-Kultur findet auch bei den jungen Kreolen der Seychellen Anklang.

Die Kirche von La Digue ist das höchste Gebäude der Insel und empfängt die Besucher, die mit der Fähre den Hafen anlaufen, schon von ferne.

Selbst am alten Hafen von La Digue lädt das kristall-klare Meer zum erfrischen-den Bad ein.

Früher waren Ochsenkarren das einzige Fortbewegungs-mittel auf La Digue. Heute werden sie fast nur noch von Touristen benutzt.

Selbst in kleinsten Ansiedlungen auf entlegenen Inseln findet sich eine kleine Kirche oder Kapelle. 98% der Seychellois sind Christen.

»Karibische Farben« wie Pink und Türkis finden sich auch an alten Gebäuden der Seychellen. Die kreolische Sprache und Kultur ist in ihren verschiedenen Varianten überall dort verbreitet, wohin afrikanische Sklaven verschleppt wurden.

Nur noch wenige alte kreolische Häuser aus der Kolonialzeit sind auf den Seychellen erhalten.

Wäsche trocknet in der Äquatorsonne sehr rasch, auch wenn sie nur, wie auf den Seychellen üblich, auf dem Boden ausgebreitet wird.

Das Grab der Daubins auf Silhouette zeugt vom einstigen Lebensstil der Familie, die lange Zeit Besitzer der Insel war.

Weit schweift der Blick vom Inselfriedhof Silhouettes hinüber zur Hauptinsel Mahé.

Auch im »Paradies« gehört Fußball zu den beliebtesten Sportarten.

# Felsen, Palmen, Sand und Meer

Die schönsten Strände der Welt

Verträumte Palmenbuchten, endlose Sandstrände, spektakuläre Granitformationen, von Wind und Wasser rundgeschliffene Monolithe … Vielfältig sind die Strände der Seychellen, ein jeder von ganz eigener, unvergleichlicher Schönheit. An manche rollen mächtige Wellen, andere, mit Sand so fein wie Puderzucker, werden zart umschmeichelt vom kristallenen Wasser des Indischen Ozeans. Weltbekannt durch Werbespots, Modeaufnahmen und Reiseprospekte wecken diese Idealbilder tropischer Reiseträume unweigerlich Fernweh und sind das wichtigste Kapital der einheimischen Tourismusindustrie. Hin und wieder müssen die Seychellenstrände in der Werbung sogar Karibik oder Südsee spielen, wenn es darum geht, ein Produkt mit ganz besonderem Exotik-Flair zu veredeln. Und so kommen denn die meisten Touristen eben dieser Strände wegen auf die Seychellen. Sie werden nicht enttäuscht: Die Wirklichkeit übertrifft die Fotos im Reisekatalog bei Weitem, was bekanntlich nur selten der Fall ist.

Schon die Beau Vallon Bay auf Mahé, wo ein gutes Drittel der Urlauber seine Zeit verbringt, entzückt durch anderthalb Kilometer Sand und Palmen sowie den romantischen Blick im Sonnenuntergang hinüber zur Insel Silhouette. Doch bei den persönlichen Empfehlungen ausgewiesener Seychellenkenner kommt diese populäre Bucht kaum vor. Es ist ungeklärt, welcher Strand die lange Hitparade anführt. Die Anse Source d'Argent auf La Digue, die Anse Lazio auf Praslin, die Anse Intendance im Süden von Mahé sind nur die bekanntesten der Hauptinseln. Geheimtipps gibt es so viele wie Inseln, denn auf jeder Seychelleninsel findet sich mindestens ein Traumstrand. Wer auf einem wenig besuchten Eiland an Land geht oder bei der Wanderung über die Granitberge auf einen wildromantischen Bilderbuch-Strand stößt, kann ganz für sich allein so manche Entdeckung machen. Da Massentourismus auf den Seychellen unbekannt ist, teilt man jedoch auch die berühmten Buchten nur mit wenigen Mitmenschen. Stundenlang kann man ungestört im Palmenschatten oder auf einem sonnenwarmen, glatt geschliffenen Granitblock liegend aufs Meer hinausträumen oder früh am Morgen, immer der Brandung entlang, ein scheinbar menschenleeres Koralleneiland barfuß umrunden, begleitet nur vom Rauschen der Wellen, den eifrig Sand schaufelnden Krabben und den Seevögeln hoch am Himmel. Der Blick schärft sich in solchen Stunden für die subtilen Schönheiten dieser Strände – die rasch zerfließenden Wolken über dem Meer, der Schatten einer fliegenden Seeschwalbe, das Spiel des Lichts auf verwittertem Granit, der Schimmer der Abenddämmerung auf dem Schaum der Brandung. Und wann immer man möchte, kann man eintauchen in die badewannenwarmen türkisblauen Wellen.

Aber Vorsicht! Auch an einem Traumstrand kann man ertrinken. Gefährliche Unterströmungen an nicht von Korallenriffen geschützten Stränden haben selbst gute Schwimmer schon in Lebensgefahr gebracht.

Die Anse Major ist nur auf einer Wanderung an der Westküste Mahés zu erreichen.

**Vor der Côte d'Or auf Praslin mit ihrem mehlfeinen Sand liegen die Inseln Chauve Souris und St. Pierre.**

**Die Anse Lazio auf Praslin ist einer der bekanntesten Strände der Seychellen.**

Nahe der Anse Royal
auf Mahé entstand 1771
der »Jardin du Roi«, die
erste Gewürzpflanzung
der Seychellen.

An Strände, die nicht von vorgelagerten Korallenriffen geschützt sind, rollen die Wellen ungebremst heran.

Die Anse Takamaka
ist einer der zahlreichen
»Traumstrände« auf Mahé.

Selbst an so berühmten
Stränden wie der Anse
Lazio auf Praslin kann man
die Einsamkeit genießen.

105

Die Petite Anse Kerlan auf Praslin. Am Horizont die »Vogelinsel« Aride.

Die Anse Intendance im Südwesten von Mahé gehört zu den schönsten Stränden der Hauptinsel.

Besonders eindrucksvolle
Granitfelsen schmücken die
Anse Source d'Argent
auf La Digue.

Die Anse Patates im Norden
von La Digue ist eine
wildromantische Palmen-
bucht wie aus dem
Bilderbuch. Am Horizont
die »zwei Schwestern« Petite
Sœur und Grand Sœur.

Wie Bauklötze von Riesen
sind die Granitfelsen der
Grand Anse auf La Digue
aufeinandergeschichtet.

Die Anse Source
d'Argent auf La Digue
teilt sich in mehrere
kleinere Buchten auf.

Manche »Traumstrände«, wie hier auf Frégate, werden bei Flut fast ganz vom Wasser überspült.

Die Petite Anse auf La Digue ist nur zu Fuß erreichbar.

Die Anse Victorin auf der Privatinsel Frégate ist gesäumt von dichtem Palmenwald.

An vielen Stränden der Granitinseln münden Bäche aus dem Inselinneren ins Meer.

Der Abend bringt nicht
nur faszinierende Spiele
von Licht und Farbe,
sondern auch etwas
Abkühlung nach einem
Tag in der Äquatorsonne.

117

Neben grandiosen
Granitlandschaften bieten
die Strände der Seychellen
auch viele subtile poetische
Eindrücke, wie den Blick
durch Kasuarinenzweige auf
die im letzten Abendlicht
glänzenden Wellen.

# Der verborgene Garten Eden

## Das Vallée de Mai auf Praslin

Durch ein Dach gigantischer Palmblätter sickert zaghaft das Licht der Äquatorsonne. Einzelne Lichtstrahlen stechen durch ewige Dämmerung, zaubern Schattenmuster auf den Boden, heben wie Scheinwerfer Details hervor. Stille herrscht unter dem Palmendach. Nur wenn ein Windstoß vom Meer heraufweht, schlagen hoch oben die riesigen Blattfächer mit gespenstisch blechernem Klappern gegeneinander. Ein Rundgang im Vallée de Mai gehört zu den eindrucksvollsten Erlebnissen einer Seychellenreise, denn hier lässt sich die Natur der Inseln erleben, wie sie lange vor Ankunft der Menschen war. Das Vallée de Mai ist ein Rest der prähistorischen Wälder, die schon vor vielen Millionen von Jahren existierten, noch bevor der Urkontinent Gondwanaland auseinanderzudriften begann und das Mahé-Plateau von der Landmasse abbrach, um isoliert im Indischen Ozean zurückzubleiben. In diesem dicht mit Urwald bewachsenen Tal mit seinen seltenen Tier- und Pflanzenarten, die man an keinem anderen Ort der Erde findet, scheint die Zeit seit Äonen stehen geblieben.

Daher vermutete ein britischer General des 19. Jahrhunderts im Vallée de Mai den biblischen Garten Eden samt dem Baum der Erkenntnis – der sagenumwobenen Seychellenpalme – und der »verbotenen Frucht«, der Coco de Mer. Über 4000 dieser mächtigen Palmen, die weltweit nur auf Praslin und der kleinen Nachbarinsel Curieuse vorkommen, breiten ihre bis zu 16 Quadratmeter großen Blätter im Vallée de Mai aus. Jahrhundertelang

war die Herkunft der »Meereskokosnuss«, der größten Baumfrucht der Welt, von Mythen und Legenden umwittert. Man glaubte sogar, dass die geheimnisvollen Steinfrüchte von einem gigantischen Unterwasserbaum im Meer stammten. Die an fernen Küsten des Indischen Ozeans angespülten sterilen Exemplare (im Gegensatz zur gewöhnlichen Kokosnuss ist eine ausgewachsene, keimfähige Coco de Mer nicht schwimmfähig; daher konnte sich die Palme nicht über die Seychellen hinaus verbreiten) wurden in Asien als Wunderheilmittel geschätzt und in den Kuriositätenkabinetten europäischer Könige mit Gold aufgewogen. *Lodoicea maldivica* lautet der lateinische Name der Palme, weil auf den Malediven viele Coco de Mer anlandeten und der dortige Herrscher das Handelsprivileg mit den begehrten »Nüssen« innehatte. Erst 1768 wurde mit der Erkundung der Seychellen durch die Franzosen das Rätsel gelöst – und die Palme fast ausgerottet, da man nun unzählige Früchte aberntete und, als die Preise durch das Überangebot verfielen, große Teile des Palmwaldes niederbrannte. Rodungen der Siedler drängten den Bestand noch weiter in die Berge von Praslin zurück. Das Vallée de Mai jedoch blieb bis nach 1930 völlig unberührt, als ein Landbesitzer Obst- und Zierpflanzen einführte, die nun seit einigen Jahren schrittweise wieder entfernt werden. 1948 kaufte die Regierung das 324 Hektar große Gelände und stellte es 1966 unter Naturschutz. 1983 schließlich fand das »Maital« Aufnahme in die Liste des UNESCO-Weltnaturerbes

Ständig wechselnde Lichtstimmungen machen den besonderen Zauber des Vallée de Mai aus.

und wird von der Seychelles Island Foundation verwaltet. Dadurch sind auch die Früchte der Seychellenpalme streng geschützt. Die etwa 3000 Coco de Mer, die jährlich unter Aufsicht der Schutzbehörde legal geerntet werden dürfen, sind beliebte Souvenirs für Touristen, entweder im ursprünglichen geschälten Zustand oder aber poliert und zu mehr oder weniger geschmackvollen Andenken verarbeitet. Zu jeder Frucht gibt es eine nummerierte Ausfuhrlizenz, die bei der Ausreise vorzuzeigen ist.

Die um ihr Geheimnis gebrachten Coco-de-Mer-Palmen zählen immer noch zu den eindrucksvollsten Pflanzen der Erde. Ihre kerzengeraden schlanken Stämme wachsen bis über 30 Meter hoch, wobei die männlichen Palmen etwa fünf Meter höher werden als die weiblichen. Auch diese Zweigeschlechtlichkeit hat die Fantasie der Menschen beflügelt, zumal der kolbenförmige Blütenstand der männlichen Palme einem riesigen Penis ähnelt, während die geschälten Doppelfrüchte des weiblichen Baumes recht eindeutige feminine Formen aufweisen. Ungeschält wiegen die Früchte, die sich drei- bis viermal jährlich in kleinen Bündeln bilden, bis über 20 Kilogramm. Langsam nur wachsen die Bäume heran – ein Jahr nach Beginn der Keimung wächst das erste Blatt, erst nach 25 bis 40 Jahren tragen sie erstmals Früchte, nach 100 Jahren erreichen sie ihre volle Höhe. 200 bis 400 Jahre werden die Palmen alt. Viele der Coco-de-Mer-Bäume im Vallée de Mai haben noch die Zeiten gesehen, als ihre Insel nicht von Menschen besiedelt war.

Im Vallée de Mai gedeihen außer der Seychellenpalme noch andere endemische Palmenarten, beispielsweise die Lattenpalme (*Verschaffeltia splendida*), die Blattpalme (*Phoenicophorium borsigianum*), mehrere Arten von Schraubenpalmen und die Palmis (*Deckenia nobilis*), die ihren Beinamen »Millionärssalat« der Tatsache verdankt, dass zur Gewinnung des Sprosses, dessen zartes Inneres sich zu Salat verarbeiten lässt, die ganze Palme gefällt werden muss. Heute ist dies strengstens verboten. Der »Millionärssalat«, der manchmal in Restaurants serviert wird, stammt stets vom Spross der Kokospalme.

Zudem bietet der Urwald des Vallée de Mai einer Reihe von Tierarten Schutz und Nahrung. Am bekanntesten ist der Nationalvogel der Seychellen, der endemische »Black Parrot«, der Vasapapagei (*Coracopsis nigra*), von dem es nur mehr weniger als 100 Exemplare gibt. Aber auch einige endemische Reptilien wie das Tigerchamäleon (*Chameleo tigris*), der Seychellenskink (*Mabuya sechellensis*), der Bronzegecko (*Aeluronyx sechellensis*) und verschiedene Unterarten des Grünen Taggeckos leben im Nationalpark, dazu Schneckenarten und Weichtiere.

Außer im Vallée de Mai lässt sich die ursprüngliche Natur der Seychellen nur noch in den Gipfelregionen von Mahé und Silhouette erkunden. Dort gedeiht der Nebelwald, der ebenfalls ein Refugium für viele seltene Tier- und Pflanzenarten darstellt. Er lässt sich nur auf anstrengenden Wanderungen erreichen, am Eingang des Vallée de Mai hingegen hält der Linienbus von Praslin.

Coco de Mer können über 20 Kilogramm schwer werden.

Die Blätter der Seychellenpalme gehören zu den
größten der Welt.

Auch die endemische
Lattenpalme mit ihren
stelzenartigen Wurzeln
wächst im Vallée de Mai.

Links: Der Blick von einer Anhöhe zeigt, wie undurchdringlich das Laubdach des Vallée de Mai ist.

Rechts: Unter dem Dach der Blätter herrscht ewige Dämmerung.

Lichtstrahlen schneiden durch die Dämmerung und schaffen harte Kontraste.

Sechs bis sieben Jahre
brauchen die Coco de Mer,
um bis zur vollen Größe
heranzureifen.

Der Wasserlauf, der das
Vallée de Mai durchquert,
verlässt den Nationalpark
an einem Wasserfall.

Links und rechts: Die Blütenstengel der endemischen
Palmis werden während
ihres Wachstums von stache-
ligen Hüllen umschlossen.

Ein Blütenstengel
der Palmis bricht
aus seiner Schutz-
hülle hervor.

Der Palmenurwald im
Vallée de Mai ist seit
Urzeiten unberührt.

Der Blütenstand
der männlichen
Seychellenpalme.

Die geschälten Coco de Mer sind beliebte, aber sehr teure Souvenirs. Nur eine streng begrenzte Anzahl darf jährlich geerntet werden.

Das Spiel von Licht und Schatten zaubert ständig wechselnde Muster auf die riesigen Palmblätter.

Der ewige Zyklus von Werden und Vergehen spiegelt sich seit Jahrmillionen auch auf den Riesenblättern der Seychellenpalme wider.

Der Lichtstrahl, der bis zum Boden des Vallée de Mai vordringt, verleiht auch diesem vertrockneten, abgefallenen Blatt besonderen Reiz.

Links und rechts: Wer zwischen den Baumriesen des Vallée de Mai den Blick für die Schönheit des Kleinen bewahrt, kann zahllose Entdeckungen machen.

Links und rechts: Wie
Scheinwerfer heben
einzelne Sonnenstrahlen
Details im Dämmerlicht
des Urwaldes hervor.

Einst bedeckten Mangrovensümpfe viele Küsten-
abschnitte der Granitinseln.
Heute sind Mangroven nur
mehr an wenigen Stellen
erhalten, wie hier auf der
Insel Curieuse.

Der ursprüngliche
äquatoriale Nebelwald
hat sich in den oberen
Bergregionen der Inseln
Mahé und Silhouette bis
heute erhalten.

Wanderungen in den
Nebelwald der Berg-
regionen sollte man nur
mit einem wegkundigen
Führer unternehmen.

Nur in den Gipfelregionen
der höchsten Berge von
Mahé und Silhouette
wachsen die fleisch-
fressenden Kannenlilien.

Pflanzerhaus aus der
Kolonialzeit inmitten einer
Kokosplantage auf der Insel
Silhouette.

Die Kokospalme ist die wichtigste Nutzpflanze der Seychellen. Alle Teile finden vielfältige Verwendung.

Die Kokosnuss spendet in all ihren Wachstumsstadien wertvolle Rohstoffe: Die junge Nuss enthält die wohlschmeckende, nährstoffreiche Kokosmilch, das Fleisch der reifen Nuss ist sehr proteinreich und wird in der kreolischen Küche vielfältig genutzt oder zu Kopra getrocknet, aus der Kokosöl gewonnen wird.

Die einzelnen Blätter des Palmwedels wachsen gegeneinander versetzt.

Links: Unreife Kokosnüsse mit der erfrischenden Milch müssen vom Baum geholt werden.

Rechts: Das getrocknete Fruchtfleisch der Kokosnuss wird gemahlen, bevor Kokosöl daraus gepresst werden kann.

Noch heute wird die harte Schale der reifen Kokosnuss per Hand mit der Machete geöffnet, um an das Fleisch zu gelangen. Dies erfordert Übung und Geschicklichkeit.

Die Kokospalme trägt das
ganze Jahr über Früchte.
Bis zu 15 Steinfrüchte
wachsen pro Fruchtstand.

Links: Die eigentliche
Nuss ist eingebettet in eine
faserige, widerstandsfähige
Umhüllung. Auch diese
Kokoshülle findet verschie-
dene Verwendungen.

Rechts: Detail vom Stamm
der Palmis. Diese
endemische Palmenart trägt
den vielsagenden Beinamen
»Millionärssalat«, weil aus
ihrem weichen Spross ein
wohlschmeckender Salat
zubereitet werden kann.
Allerdings muss die ganze
Palme gefällt werden, um
den Spross zu gewinnen,
was heute strengstens
verboten ist.

155

Die Frucht der Schrauben-
palme (*Pandanus*). Vier
Arten dieser Palme sind auf
den Seychellen endemisch.

Die Vestiaria-Palme
mit ihrem leuchend roten
Kronenschaft ist eine der
schönsten Palmen der
Welt. Sie stammt aus den
Regenwäldern indone-
sischer Inseln, gedeiht
aber auch im Klima der
Seychellen prächtig.

Die bis über zehn Kilogramm schweren Früchte des Jackfruchtbaumes zählen zu den größten tropischen Früchten der Welt und wachsen direkt am Stamm. Das Fruchtfleisch wird frisch verzehrt, die großen Samen werden gekocht oder geröstet.

Eine Wespe untersucht die noch frische Frucht der endemischen *Pandanus multispicatus*, die nur auf einigen Granitinseln vorkommt.

Der mächtige »Baum der Reisenden« gehört zur Familie der Bananengewächse und verdankt seinen Namen der Tatsache, dass sich im Grund der dicht ineinander geschachtelten Blätter etwa anderthalb Liter Wasser sammeln, das durch Anstechen gewonnen werden kann, sich allerdings kaum als Trinkwasser eignet.

Der Papayabaum wurde
wegen seiner köstlichen
Früchte auf den Seychellen
eingeführt. Die unreifen
Früchte werden gekocht
oder zu Salat verarbeitet,
das reife orangefarbene
Fruchtfleisch wird roh
verzehrt.

Die Früchte des
Orleansbaumes werden
vor allem wegen ihrer
roten Farbstoffe genutzt.

Bananen gehören zu den Grundnahrungsmitteln der Seychellois. Auf den Inseln wachsen verschiedene Arten von Koch- und Obstbananen.

Links: Der Blütenstand der Bananenstaude.

Rechts: Wenn die Früchte der Bananenstaude reifen, stirbt der Blütenstand ab.

Links: Die Ananas wurde aus Südamerika eingeführt. Die wild wachsenden Ananas finden nur in der Volksmedizin der Seyche len Verwendung.

Rechts: Vanille war einst ein wichtiges Exportgut der Seychellen. Später lohnte sich die Produktion nicht mehr und wurde aufgegeben. Heute rankt sich die Vanille wild an Bäumen und Felsen empor.

Aufgeplatzte Jackfrüchte sind eine beliebte Nahrungsquelle für Fliegende Hunde und andere Tiere.

Die Blüten des Frangipani-
Baumes verströmen einen
betörenden Duft, der auch
von der Parfümindustrie
genutzt wird.

Blüte des in vielen
tropischen Ländern als
Zierpflanze sehr beliebten
Kanonenkugelbaums.

Ungefähr 600 Pflanzenarten
wurden seit der Besiedlung
der Seychellen auf den
Inseln eingeführt, darunter
viele tropische Blumen
und Zierpflanzen.

Die *Ipomoea carnea* gehört zur artenreichen Familie der Prunkwinden.

Der Hibiskus ist seit langen Zeiten in allen tropischen Ländern kultiviert.

Bislang wurden sieben Arten des Pagodenbaums oder Frangipani beschrieben. Die Blüten kommen in zahlreichen Farbschattierungen vor.

Oben links: Frangipani war der Name eines italienischen Parfümiers, der einen sehr beliebten Duft herstellte. Nach ihm wurde die herrlich duftende Tropenpflanze benannt.

Oben rechts: Blüte der Gattung *Barringtonia*.

Unten links: Vom Korallenbaum gibt es weltweit etwa 100 Arten.

Unten rechts: Der Spiralingwer ist ein Verwandter der Ingwer-Gewürzpflanze.

Oben links: Der indische Goldregen stammt ursprünglich aus Sri Lanka, ist aber in vielen tropischen Gärten als Zierbaum verbreitet.

Oben rechts: Die Strandwinde wächst an den Sandstränden vieler Granit- und Koralleninseln.

Unten links: Verschiedene Arten des Hibiskus lassen sich in fast jedem Garten der Seychellen bewundern.

Unten rechts: Die rotblättrige Mussaenda stammt ursprünglich aus den Regenwäldern Westafrikas.

Der Purpurkranz gehört zu den Eisenkrautgewächsen.

# Welt der Stille

## Die Seychellen unter Wasser

Der Motor des Tauchbootes wird abgeschaltet. Auf einmal herrscht tiefe Stille. Das Meer hebt und senkt sich in einer sanften, kaum spürbaren Dünung wie eine atmende Brust. Das Wasser wirkt wie dunkelblaues, flüssiges Glas. Eine leise Brise haucht Kräuselmuster über langsam bewegte Wellen. Wir machen uns bereit, in die kristalline Tiefe hinabzugleiten …

Die atemberaubende Naturschönheit der Seychellen setzt sich unter Wasser fort. Schon beim Schnorcheln lassen sich nicht nur bunte Korallengärten mit ihrem wimmelnden maritimen Leben erforschen, auch größere Meeresbewohner wie Napoleonfische, Rochen, Schildkröten, Muränen und Haie, darunter zu manchen Jahreszeiten auch der größte Fisch der Welt, der Walhai, sind an manchen Plätzen zu beobachten, ohne dass man die Pressluftflasche auf den Rücken schnallen muss.

Wer aber hinausfährt zu Außenriffen oder Granitfelsen, die irgendwo im Meer aus dem Wasser ragen und nur den Vögeln Heimat sind, findet auf seinen Tauchgängen nicht nur die schillernd bunte Korallenvielfalt mit zahllosen großen und kleinen tropischen Meerestieren, wie man sie von den Tauchgebieten in warmen Meeren rund um den Globus gewohnt ist, sondern auch spektakuläre Unterwasser-Landschaften, die es nur auf den Seychellen gibt. Denn vor den Granitinseln setzen sich auch unter dem Meer die typischen Felsformationen fort, die schon den Stränden ihr unverwechselbares Flair verleihen. Hier ist zwar der Korallenbewuchs oft spärlicher,

doch das schwerelose Schweben durch die Schluchten und Abbrüche der granitenen Unterwassergebirge und das Beobachten der dort häufig anzutreffenden Fischschwärme und Großfische ist von ungeheuerer Faszination. So bieten die Seychellen auch unter Wasser viel Abwechslung – flache Korallengärten für Schnorchler und Tauch-Anfänger, Außenriffe mit Grotten und Durchbrüchen sowie majestätische Granitlandschaften. Kein Wunder also, dass die Tauchplätze des Archipels zu den schönsten der Welt zählen.

Professionelle Tauchbasen finden sich auf einer Reihe von Inseln – auf Mahé und Praslin stehen mehrere zur Auswahl, auf kleineren Inseln werden Tauchausflüge oft vom jeweiligen Inselresort angeboten.

Leider brachte das Jahr 1998, in dem es weltweit zu einem vorübergehenden drastischen Anstieg der Meerestemperatur kam, unterstützt von dem Klimaphänomen El Niño, für die Unterwasserwelt eine Katastrophe. Vor allem der Indische Ozean mit seinen berühmten Taucherzielen wie den Malediven und den Seychellen war davon betroffen. In einem zuvor nie beobachteten Ausmaß ließ in jenem Jahr die »Korallenbleiche« die Korallenbestände absterben – mancherorts bis zu 90 Prozent. Zwar konnten sich viele Korallenbänke wieder einigermaßen erholen, doch steht zu befürchten, dass sich angesichts der globalen Erwärmung solche drastischen Schädigungen der Unterwasserwelt auf der ganzen Welt in immer kürzeren Abständen wiederholen werden.

Der Leoparden-Drückerfisch ist einer der schönsten und auffälligsten seiner Art. Drückerfische kommen in zwölf Gattungen mit etwa 25 Arten vor. Während der Brutzeit, oder wenn sie sich bedroht fühlen, können große Drückerfische selbst Taucher sehr aggressiv attackieren und dabei auch kräftig zubeißen.

Die Orientalische Süßlippe tritt gerne in Schwärmen auf und wird etwa 50 Zentimeter lang. Die Familie der Süßlippen mit ihren 175 Arten wird auch »Grunzer« genannt, weil einige Arten mit ihren Schlundzähnen Geräusche erzeugen und durch die Schwimmblase verstärken können.

Die Gorgonie oder Fächerkoralle gehört zu den Hornkorallen und bildet besonders fragile, elegante Formen, die an Pflanzen erinnern.

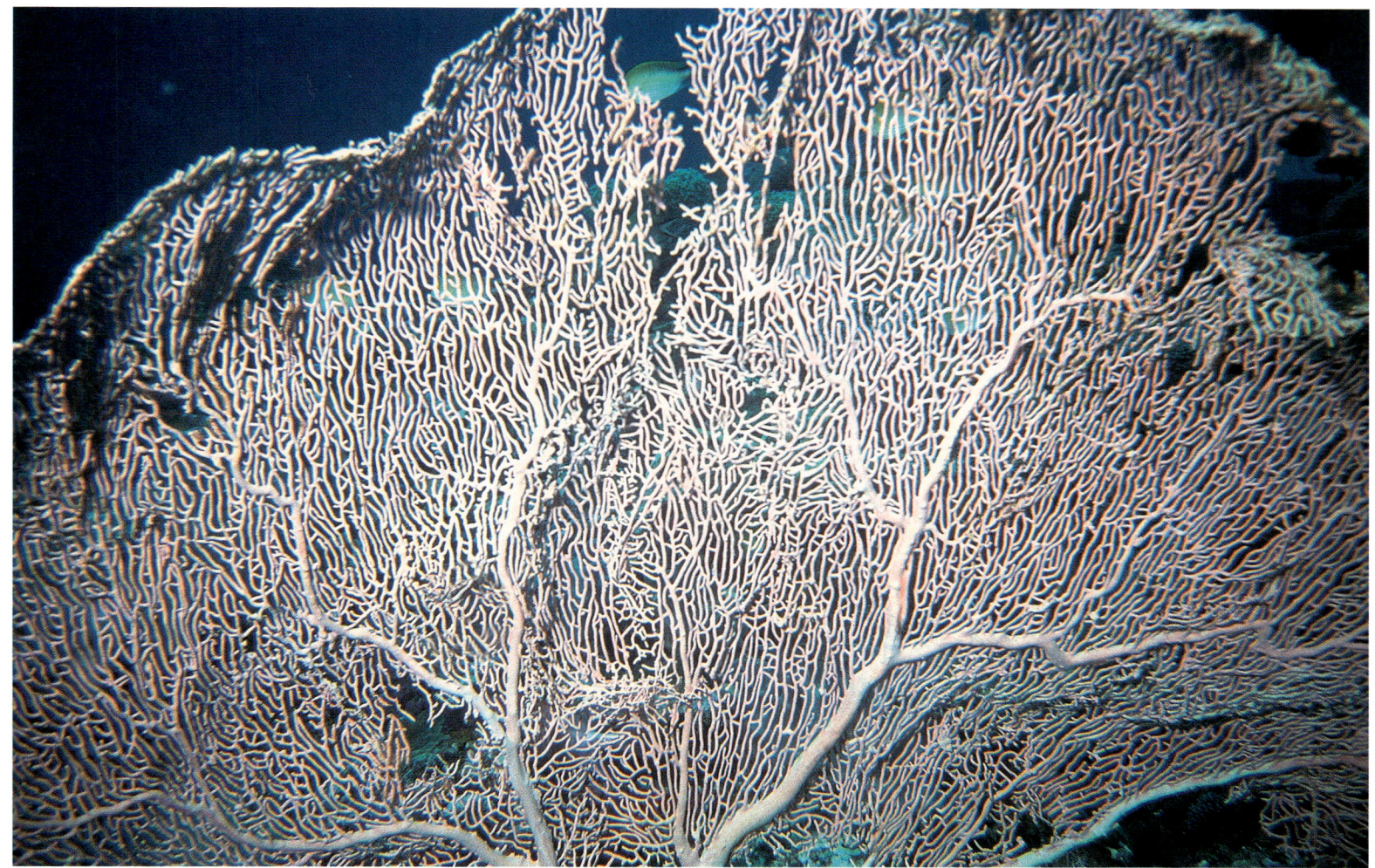

Ein Schwarm von Gelbstreifen-Schnappern tummelt sich in geringer Tiefe über einem flachen Korallengarten.

Der Blaukopf-Kaiserfisch wird bis zu 40 Zentimeter lang und kommt vor allem an Außenriffen vor.

Papageienfische, von denen es etwa 80 Arten gibt, können mit ihrem schnabelartigen Gebiss sogar Äste von Korallen abbeißen und zermahlen. Sie kommen an so gut wie allen tropischen Korallenriffen vor.

Der Schwarm-Wimpelfisch gehört zur Familie der Falterfische und lebt in Schwärmen an geschützten Korallenriffen.

Der Langnasen-Korallen-
wächter verdankt seinen
Namen seiner typischen
Verhaltensweise: Er »sitzt«
in den Korallen und
beobachtet bewegungslos
sein Revier.

Links: Muränen sind nacht-
aktiv und verlassen tagsüber
ihre Höhlen nur sehr selten.

Rechts: Kalmare können
vorwärts und rückwärts
schwimmen. Die Säume
ihrer Flossen geraten beim
Schwimmen in wellen-
förmige Bewegung.

# Die sanften Riesen

## Schildkröten im Meer und an Land

Ein flaches grünliches Etwas taucht aus dem Wasser – eine Karettschildkröte, gut einen Meter lang. Sie zögert kurz, aber die Neugierde auf dieses merkwürdige zweibeinige Geschöpf, das langsam und, aus der Sicht eines Meeresbewohners, unbeholfen mit Plastikflossen dahinschnorchelt, treibt sie heran. Immer näher kommt sie, bis sie mit ihrem Hornschnabel ein paarmal zaghaft gegen meine Taucherbrille pocht. So ein komisches Wesen ist ihr in ihrem langen Leben im Meer noch nie unter die Augen gekommen. Was man nicht alles zu sehen bekommt, wenn man zur Eiablage wieder einmal an Land gehen muss. Mit eleganten Schwimmbewegungen gleitet sie nach dieser kurzen Inspektion wieder hinab in die Tiefe. Viele Inseln der Seychellen dienen Meeresschildkröten verschiedener Arten zur Eiablage. Die zum Ort ihrer Geburt zurückgekehrten Tiere schieben die an Land trägen Körper mühsam über den Strand, graben ein Loch und legen ihre Eier hinein. Nach zwei Monaten schlüpfen die Jungen, wühlen sich aus dem Sand und streben hektisch dem Wasser zu. Sie haben allen Grund, sich zu beeilen, denn für Seevögel stellen sie willkommene Leckerbissen dar. Doch auch im Meer müssen die kleinen Reptilien viele Gefahren überwinden, bevor sie nach Jahren zur Eiablage wieder an Land gehen.

Auf Meeresschildkröten trifft man in warmen Ozeanen rund um den Globus. Doch nur auf den Seychellen kann man nach der Begegnung mit einer solchen archaischen Meeresbewohnerin an Land gehen und dort auf gigantische Landschildkröten stoßen. Lediglich auf Galapagos lebt eine zweite, kleinere Art der Riesenschildkröte. Das bekannteste dieser Urwelttiere, das frei auf der Insel Bird lebt, hält sogar einen Eintrag im Guinnessbuch der Rekorde als größte Landschildkröte der Erde: Esmeralda, ein etwa 150 Jahre – die Legende spricht gar von 240 Jahren – alter Schildkröten-Herr (der Name Esmeralda blieb ihm, auch nachdem sein wahres Geschlecht festgestellt wurde), der über 300 Kilogramm auf die Waage bringt.

Die Seychellen-Riesenschildkröte war einst auf allen Granitinseln heimisch, wurde von Seeleuten und Siedlern aber ausgerottet. Nur auf Aldabra, wo bis heute über 100 000 Exemplare in ihrer natürlichen Umgebung leben, konnten sich die Tiere halten. Von dort aus wurden sie wieder auf anderen Inseln angesiedelt. Die frühen Besucher der Seychellen sahen in den schwerfälligen Reptilien nämlich nicht bestaunenswerte Naturwunder, sondern bequem zu erjagende Nahrung, die sich auch als lebende Konserve mit an Bord nehmen ließ. Die Seeleute drehten die Schildkröten, die wochenlang ohne Nahrung und Wasser überleben können, auf den Rücken und schlachteten sie bei Bedarf. Schon etwa 20 Jahre nach der Erstbesiedlung der Seychellen sollen schätzungsweise 13 000 Riesenschildkröten auf diese Weise abtransportiert worden sein. Seit den Zeiten der Saurier hatten die Panzer der Schildkröten für ihren Schutz und ihr Überleben gesorgt. Auf die »Katastrophe Mensch« hatte die Evolution die sanften Riesen aber nicht vorbereitet.

Auf den Seychellen leben die größten Landschildkröten der Welt.

Meeresschildkröten sind akut vom Aussterben bedroht, weil der Mensch sie ihres Fleisches, ihrer Eier und ihres Panzers wegen jagt.

Auf Bird Island sorgt ein Naturprojekt dafür, dass möglichst viele geschlüpfte Meeresschildkröten das Wasser erreichen. Die Eier werden tiefer im Sand vergraben, um sie vor Krabben in Sicherheit zu bringen. Nach etwa zwei Monaten werden die frisch geschlüpften Schildkrötenbabys ausgegraben, zum Zählen in eine Schüssel gelegt und schließlich auf den Sandstrand gesetzt, auf dem sie eilig dem Meer zustreben.

Alle Riesenschildkröten, die heute auf den Granitinseln leben, stammen von ihren Artgenossen auf Aldabra ab.

Nur noch auf wenigen
Granitinseln der Seychellen
findet man Riesenschild-
kröten in freier Wildbahn,
wie diese auf Frégate.

Riesenschildkröten stammen
aus der Epoche der Dino-
saurier und haben sich
seither kaum verändert.

Esmeralda, die größte Landschildkröte der Welt, wird
hin und wieder gewogen.
Brachte sie im Jahr 1989
297 Kilogramm auf die
Waage, waren es 1995
bereits 305 Kilogramm.

Links: Riesenschildkröten
nehmen gerne zur
Abkühlung ein Bad im Meer.
Da sie trotz ihres großen
Gewichts schwimmfähig
sind, geht man davon aus,
dass manche von ihnen
unfreiwillig von der
Brandung ins Meer gezogen
und von Strömungen
zu anderen Inseln
getrieben wurden.

Rechts: Die Schöpfer des
berühmten Film-
Außerirdischen E.T. haben
sich sicherlich auch von
Riesenschildkröten
inspirieren lassen.

Verschiedene Krabbenarten sind die heimlichen Herren der Strände.

Der bis zu 23 Zentimeter
lange Seychellenskink
(*Mabuya sechellensis*) ist
eine endemische Reptilienart, die auf allen Granitinseln und auch einigen
Koralleninseln vorkommt.

Das endemische
Tiger-Chamäleon
(*Chamaeleo tigris*)
ist nur 20 Zentimeter
lang. Es ist die
einzige Chamäleon-
Art der Seychellen.

Vom endemischen
Grünen Taggecko
(*Phelsuma spp*), der auf
allen Granitinseln und vielen
Koralleninseln vorkommt,
gibt es vier Unterarten.

Auch die Praslin-Schnecke
(*Pachnodus praslinus*)
gehört zu den endemischen
Tierarten, die man im Vallée
de Mai beobachten kann.

Links: Die verschiedenen Arten von Hausgeckos sind ebenso harmlose wie nützliche Zimmergenossen. Auch in vielen Hotels und Bungalows machen sie nachts an Wänden und Decken Jagd auf Mücken, Motten und andere Insekten. Bemerkenswert sind ihre zirpenden Rufe.

Rechts: Der Bronzegecko (*Aeluronyx sechellensis*) ist eine nachtaktive endemische Reptilienart, die auf mehreren Granitinseln vorkommt.

Diese Art der Geister- oder Rennkrabbe lebt nicht direkt am Sandstrand, sondern etwas im Hinterland.

Unermüdlich graben die Geisterkrabben mit ihren Scheren Höhlen in den Sand, die ihnen nicht nur Schutz vor Feinden, sondern auch Kühle und Feuchtigkeit garantieren.

Zu den Bewohnern der Küstenregionen gehören verschiedene Krabbenarten. Winkerkrabben (rechts oben) leben in Mangrovensümpfen, die flachen Felsenkrabben suchen ihre Nahrung auf den von der Brandung überspülten Granitfelsen (links unten) und Einsiedlerkrebse tragen Muscheln oder Schneckenhäuser zu ihrem Schutz mit sich herum (rechts unten).

211

Links: Die Palmspinne (*Nephila inaurita*) spannt ihre Netze auf fast allen Granit- und Koralleninseln der Seychellen.

Rechts: Der endemische Seychellen-Riesen-Tausendfüßler (*Seychelleptus seychellarum*) kann bis zu 30 Zentimeter lang werden und ist ein harmloser Pflanzenfresser.

Die »Große Schnecke« (*Stylodonta studeriana*) ist endemisch und lebt nur auf Praslin im Vallée de Mai und anderen Palmenwäldern.

Seychellen-Flughunde
hängen während des Tages
in Baumkronen und machen
sich in der Dämmerung auf,
um ihre Nahrung – Früchte
und Blütennektar – zu
suchen. Dabei fliegen sie
manchmal auch von einer
Insel zur anderen.

Links: Der Seychellen-
Flughund (*Pteropus seychel-
lensis*) ist die einzige
endemische Säugetierart der
Seychellen, hat eine Flügel-
spannweite von bis zu
einem Meter und kann bis
zu 600 Gramm schwer
werden. In der kreolischen
Küche gilt sein Fleisch als
Delikatesse.

Rechts: Termiten bauen ihre
Nester aus Lehm an die
Stämme von Bäumen und
Palmen, wie hier im Wurzel-
werk einer Lattenpalme.

215

# Sieben Jahre in der Luft

## Vögel der Seychellen

Es wirkt wie eine Szene aus dem berühmten Hitchcock-Film: Tausende, Abertausende von Vögeln – am Strand, in der Luft, auf dem weiten Wiesenfeld. Ihr vielstimmiges Krächzen schmilzt am unendlich weiten Himmel über dem Meer zu einem an- und abschwellenden Rauschen, das sich mit dem Rollen der Brandung zu einer sanften, beruhigenden Hintergrundmusik vereint. Ein überwältigendes Naturschauspiel ganz ohne Hitchcock-Horror. Denn »Die Vögel« von Bird Island sind völlig harmlos. Nicht der geringste Grund zur Beängstigung. Ganz im Gegenteil. Ihre hunderttausendfache Anwesenheit auf der kleinen Koralleninsel verstärkt das Gefühl, im Paradies angekommen zu sein. Die Tiere haben kaum Scheu vor den Menschen und lassen sich oft aus nächster Nähe beobachten. Bei Wanderungen um die Insel kommt es immer wieder vor, dass flugfähige Jungvögel neugierig werden auf diese zweibeinigen, aufrecht gehenden Geschöpfe am Strand, jäh aus ihrer Flugbahn abbiegen und einige Momente, kaum eine Armlänge entfernt, neben dem Wanderer herfliegen, um ihn gründlich in Augenschein zu nehmen. Tierpark umgekehrt – hier sind die Menschen die Ausstellungsstücke. Es wird rasch klar: Diese Insel gehört nicht seit zwei Jahrhunderten den Menschen, sondern seit Urzeiten den Vögeln. Wenn die jungen Rußseeschwalben schließlich die Insel verlassen, werden sie sieben Jahre oder länger über der hohen See verweilen. Erst die Geschlechtsreife veranlasst sie, auf das feste Land zurückzukehren, um sich zu paaren und zu

Viele der Vögel, die auf den Seychellen brüten, kennen kaum Scheu vor Menschen.

brüten. Weit über 800 000 Paare Rußseeschwalben ziehen jedes Jahr auf Bird Island ihren Nachwuchs groß, dazu kommt noch eine Reihe anderer Vogelarten, der diese Insel Heimat, Brutplatz oder nur vorübergehender Aufenthaltsort ist. Bird Island ist aber nicht die einzige »Vogelinsel« der Seychellen. Auch Aride, Cousin und andere Inseln sind Refugien für Seevögel, vor allem für Seeschwalben verschiedener Arten, aber auch für Sturmvögel, Sturmtaucher, Tropikvögel, Fregattvögel und Tölpel. Die Seychellen sind für sie eines der wichtigsten Brutgebiete weltweit.

Doch nicht nur die imposanten Kolonien der Seevögel sind für Wissenschaftler und Vogelfreunde von Interesse. Auf den Seychellen leben auch zahlreiche einzigartige Landvögel und zudem eine Reihe von Zugvögeln, die sich nur saisonal auf den Inseln aufhalten. Über 250 Vogelarten wurden auf den Seychellen beschrieben, darunter 26 endemische Arten und Unterarten, die manchmal nur auf einer einzigen Insel vorkommen. Auch einige der seltensten Vögel der Welt gehören dazu, etwa die Seychellen-Schamadrossel (Magpie-Robin – *Copsychus sechellarum*), von der es in den 1970er-Jahren nur mehr etwa 20 Exemplare gab, alle auf der Insel Frégate. Mittlerweile ist der Vogel wieder auf vier Inseln heimisch und der Bestand auf etwa 120 Exemplare angewachsen. Auch die Seychellen-Grasmücke (*Acrocephalus sechellensis*) war schon fast ausgestorben – nur auf der Insel Cousin gab es noch weniger als 30 Stück –, bevor ein Spezialprogramm die Vögel auch auf anderen Inseln ansiedelte und der Bestand mittlerweile wieder etwa 3000 Exemplare beträgt. Endemisch auf den Granitinseln ist auch der Seychellen-Nektarvogel (*Nectarinia dussumieri*), der sich oft in blumenreichen Gärten und Parks beobachten lässt. Zwei weitere, besonders schön gefiederte endemische Arten dieser Gattung sind auf den Äußeren Inseln heimisch – der Sovimanga-Nektarvogel (*Nectarinia sovimanga*) auf Aldabra und die Unterart Abbott's Nektarvogel (*Nectarinia sovimanga abbotti*) auf Assumption, Cosmoledo und Astove. Nur auf La Digue lebt der langschwänzige Seychellen-Paradies-Fliegenschnäpper (*Terpsiphone corvina*), für den auf der Insel ein eigenes Reservat eingerichtet wurde. Einer der berühmtesten Vögel des Archipels ist der Black Parrot, der Seychellen-Vasa-Papagei (*Coracopsis nigra*), die einzige Papageienart der Seychellen. Nur mehr knapp 100 dieser Vögel leben auf Praslin und haben ihr Rückzugsgebiet im Vallée- de-Mai-Nationalpark. Über die Lebensweise und das Paarungs- und Brutverhalten dieses vom Aussterben bedrohten Nationalvogels der Seychellen ist bis heute nur sehr wenig bekannt. Die zweite endemische Papageienart der Seychellen, der farbenprächtige Seychellensittich (*Psittacula eupatria wardi*) wurde Anfang des 20. Jahrhunderts aufgrund der Zerstörung seiner natürlichen Lebensräume auf den großen Granitinseln ausgerottet.

Denn die Ankunft der Menschen auf den Seychellen veränderte auch die über Jahrmillionen ungestörten Vogelparadiese drastisch. Sogar die riesigen Kolonien der Seeschwalben wurden auf verschiedenen Inseln durch intensives Eiersammeln entweder ganz ausgerottet oder stark dezimiert. Allein im Jahr 1931, so haben Wissenschaftler berechnet, sollen etwa zehn Millionen Eier von Seevögeln auf den Seychellen eingesammelt worden sein. Auch der rücksichtslose Abbau von Guano, jenem Naturdünger aus abgelagerten Exkrementen der Tiere, hat die Brutgebiete der Seevögel auf manchen Inseln stark beeinträchtigt. Die von Menschen eingeschleppten Tiere wie Ratten, Katzen und Schleiereulen fügten der Vogelwelt der Seychellen ebenfalls empfindlichen Schaden zu. Das ist der Grund, warum auf vielen der Granitinseln kaum mehr Seevögel zu sehen sind. Der Tropikvogel beispielsweise, der auf rattenfreien »Vogelinseln« wie Bird, Aride oder Cousin auf dem Boden im Schutz von Wurzeln oder Steinen brütet, zieht sich auf anderen Inseln in versteckte Baumhöhlen in sicherer Höhe zurück. Strenge Naturschutzgesetze, gezielte Maßnahmen wie das Einrichten von Schutzgebieten sowie umweltbewusste Inselbesitzer, die auf sanften Öko-Tourismus setzen, haben mittlerweile dafür gesorgt, dass einige Inseln heute wieder weitgehend ungestörte Vogelparadiese sind. So war beispielsweise vor etwa 50 Jahren die Anzahl der auf Bird Island brütenden Rußseeschwalben-Paare auf 18 000 zurückgegangen; heute landen wieder bis zu 800 000 Paare auf der kleinen Koralleninsel, um dort zu brüten und ihren Nachwuchs großzuziehen.

Die schönen Briefmarken-Editionen der Seychellen sind beliebte Souvenirs und mittlerweile auch wichtiger Devisenbringer. Sehr oft werden die Naturschätze der Seychellen auf den Marken dargestellt, auf diesem Block beispielsweise vier endemische Vogelarten: Links oben: Seychellen-Paradies-Fliegenschnäpper. Rechts oben: Sovimanga-Nektarvogel. Links unten: Seychellen-Grasmücke. Rechts unten: Vasa-Papagei

THE SEYCHELLES PARADISE FLYCATCHER *VEUVE*

SEYCHELLES

*TERPSIPHONE CORVINA*

20 c

FOURTH PAN AFRICAN
ORNITHOLOGICAL CONGRESS

SEYCHELLES

THE SEYCHELLES SUNBIRD *COLIBRI*

*NECTARINIA DUSSUMIERI*

FOURTH PAN AFRICAN
ORNITHOLOGICAL CONGRESS

RS 1.25

SEYCHELLES

THE SEYCHELLES WHITE-EYE *OISEAU BANANE*

*ZOSTEROPS MODESTA*

FOURTH PAN AFRICAN
ORNITHOLOGICAL CONGRESS

RS 1.50

SEYCHELLES

THE SEYCHELLES BLACK PARROT *CATEAU NOIR*

*CORACOPSIS NIGRA BARKLYI*

RS 5

FOURTH PAN AFRICAN
ORNITHOLOGICAL CONGRESS

Feenseeschwalben gehören zu den schönsten und anmutigsten Vögeln der Welt.

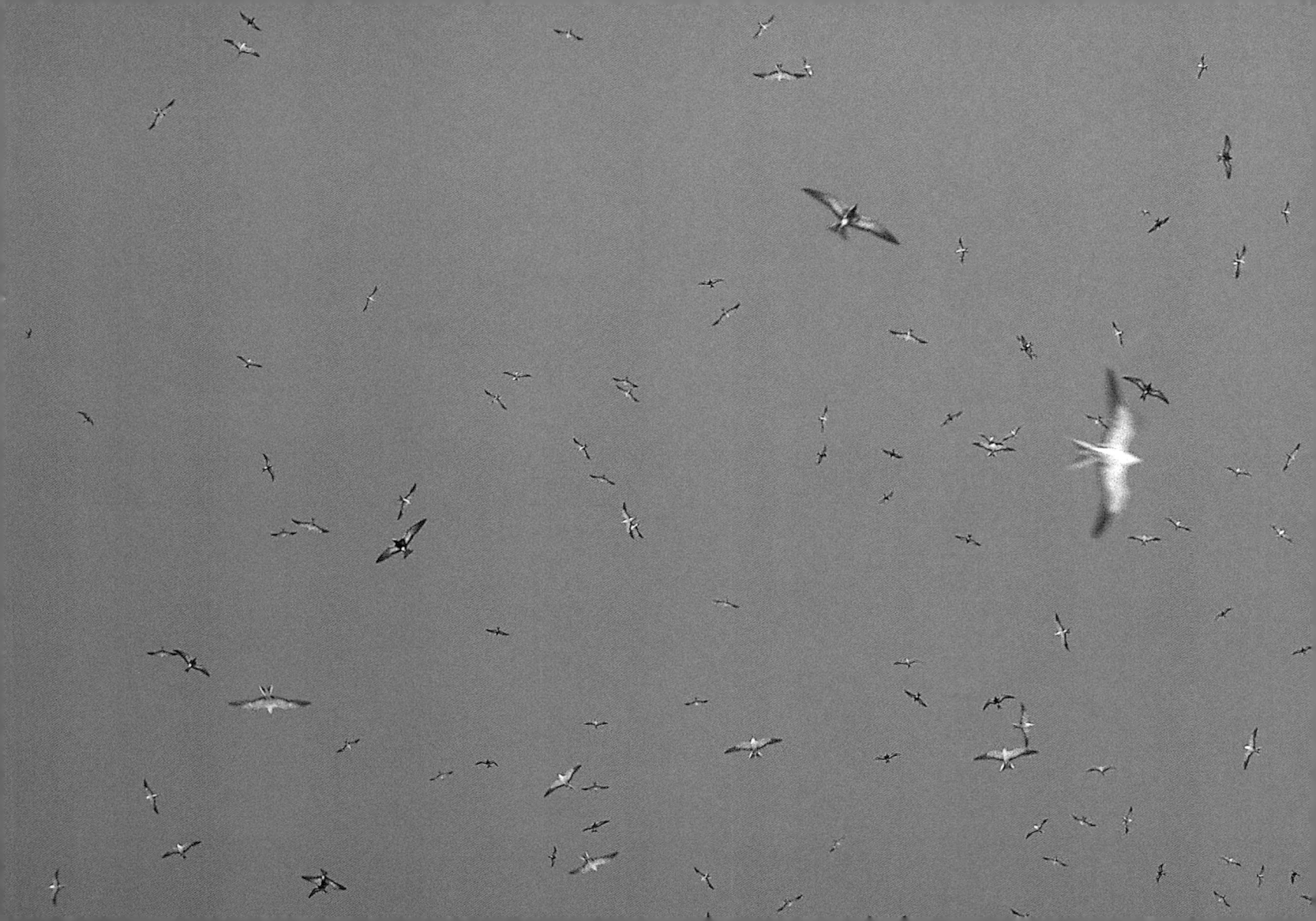

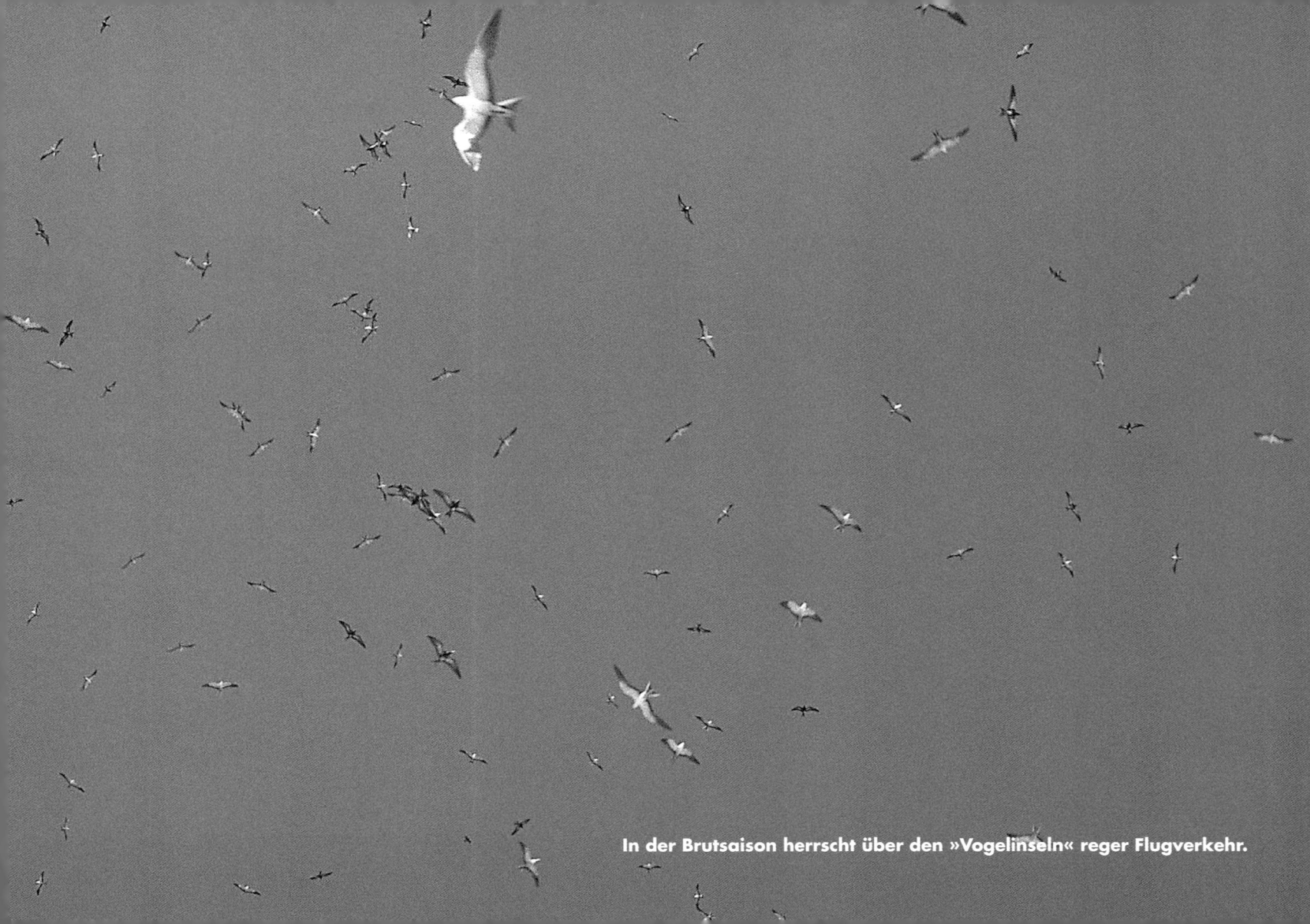

In der Brutsaison herrscht über den »Vogelinseln« reger Flugverkehr.

Über 800 000 Paare Rußseeschwalben brüten jedes Jahr auf der winzigen Koralleninsel Bird.

Von keinem anderen Vogel kommen solche Massen auf den Seychellen vor wie von der Rußseeschwalbe. Doch brüten diese Vögel ausschließlich auf Inseln ohne Ratten und Katzen.

Das Brutgeschäft der Rußseeschwalben vollzieht sich ausschließlich auf dem Boden. Krabben können den Eiern oder den frisch geschlüpften Küken gefährlich werden (Bild links oben). Obwohl Hunderttausende von Vögeln in einer Kolonie auf engstem Raum brüten, finden die mit Beute vom Meer zurückkehrenden Eltern ihre Küken problemlos wieder (Bilder oben rechts und unten links und rechts).

Die flügge gewordenen Rußseeschwalben verbringen
die nächsten sieben Jahre
über dem offenen Meer und
kehren erst nach Einsetzen
der Geschlechtsreife zur
Paarung und Brut auf das
feste Land zurück.

Weißschwanz-Tropikvögel verbringen die meiste Zeit ihres Lebens über dem offenen Meer. Die Paare, die ein Leben lang zusammenbleiben, kommen nur zum Brüten an Land und suchen meist die Nistplätze auf, die sie schon in den Vorjahren benutzt haben.

Tropikvögel nisten meist auf dem Boden im Schutz von Felsen oder Baumwurzeln. Das ist nur auf Inseln möglich, auf denen es keine Landraubtiere wie Katzen oder Ratten gibt, wie hier auf der Insel Cousin.

Das Küken, das aus dem einzigen Ei des Tropik-Pärchens schlüpft, wird ungefähr drei Monate von den Eltern versorgt, bis es um etwa 20 Prozent schwerer ist als ein Altvogel. Dann wird es von den Eltern verlassen, verliert sein Übergewicht, bis es der Hunger aus dem Nest hinaus auf's Meer treibt, wo es seine Beute nun selbst erjagen muss.

Auf den Seychellen brüten
zwei Arten der Noddy-
Seeschwalbe: der Braune
Noddy (*Anous stolidus*)
und der Kleine Noddy
(*Anous tenuirostris*).

Manche Braunen Noddys
brüten ihr einziges Ei auf
dem Boden aus.

Junge Noddy-Seeschwalben bereiten sich auf ihre ersten Flugversuche vor.

Kleine Noddys bauen ihre Nester stets in Bäumen.

Feenseeschwalben
(*Gygis alba*) sind die
einzigen reinweißen
Seeschwalben der Welt.

239

Die eleganten Feensee-
schwalben nisten auf sehr
unsichere Art auf Bäumen.

Sie legen ihr einziges Ei
meist auf eine Astgabel,
sitzen beim Brüten hinter
dem Ei und spreizen Federn
ab, um das Ei zu bedecken.

Auch das frisch geschlüpfte
Küken wird beschützend
unter die Federn genommen.

Links: Die neu geschlüpften
Küken haben gut entwickelte
Krallen, um sich an dem Ast,
auf dem sie geboren
wurden, festzuklammern.

Rechts: Erst nach 50 bis 60
Tagen werden die jungen
Feenseeschwalben flügge.

Noch wirkt das Junge (rechts im Bild) etwas verschlafen, doch schon hat es das reinweiße Gefieder eines Altvogels und wird bald zum Fischen auf's Meer hinausfliegen.

Links und rechts: Feenseeschwalben brüten auf verschiedenen Inseln der Seychellen, doch nur an Orten ohne Ratten und Katzen.

Die Eilseeschwalbe oder Haubenseeschwalbe (*Thalasseus bergii*) füttert ihr Junges noch vier Monate lang, nachdem es flügge wurde.

Das Sperbertäubchen (*Geopelia striata*) ist eine der am häufigsten vorkommenden Vogelarten der Seychellen.

249

Der Madagaskar-Kardinal-vogel (*Foudia madagasca-riensis*) kommt auf fast allen Inseln der Seychellen vor.

Die vier Vögel auf dieser Seite sind endemisch.

Oben links: Der Vasa-Papagei (*Coracopsis nigra*), der Nationalvogel der Seychellen, von dem nur mehr etwa 100 Exemplare auf Praslin leben.

Oben rechts: Die Seychellen-Schamadrossel (*Copsychus sechellarum*), deren Bestand schon auf etwa 20 Exemplare geschrumpft war.

Unten links: Der Seychellen-Nektarvogel (*Nectarinia dussumieri*), der auf Kreolisch fälschlicherweise »Kolibri« genannt wird.

Unten rechts: Der Seychellen-Bulbul (*Hypsipetes crassirostris*), der auf mehreren Granitinseln verbreitet ist.

Zahlreiche Stelzvögel sind auf den Seychellen heimisch.

Oben links: Der Graureiher (*Ardea cinerea*) ist die größte Reiherart der Seychellen.

Oben rechts: Der Sanderling (*Calidris alba*) ist ein Zugvogel, der in der arktischen Tundra brütet.

Unten links: Auch der Steinwälzer (*Arenaria interpres*) brütet in arktischen Ländern. Den Namen verdankt er seiner Angewohnheit, Steine umzudrehen, um Würmer oder kleine Krabben zu finden.

Unten rechts: Der Regenbrachvogel (*Numenius phaeopus*) brütet in Nordeuropa und Russland und überwintert auf den Seychellen.

Der Kuhreiher (*Bubulcus ibis*) ist oft entfernt vom Meer anzutreffen, unter anderem auf Kuhweiden oder sogar auf dem Fischmarkt von Victoria.

Der Rotfuß-Tölpel nistet auf Bäumen. Er brütet nur auf Inseln der Äußeren Seychellen. Auf den Inneren Inseln ist er ein seltener Besucher.

Fregattvögel segeln elegant und mühelos in großen Höhen. Sie sind nicht nur perfekte Flugkünstler, sondern auch Piraten der Lüfte, die anderen Seevögeln im Flug die Beute abjagen.

# Verbannte und Sonnenanbeter

Tourismus auf den Seychellen

Die ersten »Touristen« kamen unfreiwillig auf die Seychellen. Sieht man von Piraten und Seefahrern ab, die vor den frühen Siedlern die Inseln hin und wieder aufsuchten, waren Verbannte die ersten Menschen, die auf den Seychellen »Urlaub« verbrachten, allerdings zwangsweise. Schon die Franzosen hatten um 1800 damit begonnen, unerwünschte Personen ins tropische Exil abzuschieben, darunter 70 »terroristische« Bürger, denen ein versuchtes Attentat auf Napoleon Bonaparte zur Last gelegt wurde und die auch in der Kolonie für Unruhe sorgten. Auch die britische Regierung erkannte rasch, dass die weltabgeschiedenen Inseln ideale »Aufbewahrorte« für Zeitgenossen waren, die man vorübergehend aus dem Verkehr ziehen wollte, meist unliebsame lokale Herrscher aus allen Teilen des British Empire. Sultan Abdullah Khan von Perak (Malaysia) war im Jahr 1875 der Erste. Häuptlinge, Könige, Paschas und andere teilten später sein Schicksal. Noch 1955 wurde Erzbischof Makarios von Zypern für ein Jahr nach Mahé verbannt.

In den 1960er-Jahren kamen gerade einmal etwa 500 Touristen pro Jahr auf die Seychellen, denn die Inseln waren nur mit dem Schiff erreichbar. Der wirkliche Tourismus begann 1971 mit der Eröffnung des Internationalen Flughafens. Die Anziehungskraft des Tropenparadieses nahm daraufhin beständig zu. In den 1980er-Jahren kamen jährlich zwischen 60 000 und 80 000 Besucher, in den 1990er-Jahren zwischen 100 000 und 130 000 und nach Rückgängen Anfang des neuen Jahrtausends wurde

für 2006 ein Rekord von 140 000 Reisenden gemeldet. Der Vergleich mit den über zehn Millionen Touristen, die jährlich auf den Balearen Ferien machen, taucht solche »Rekorde« allerdings in ein deutlich milderes Licht. Massentourismus gibt es auf den Seychellen nicht, auch Bettenburgen, Sonnenschirmwälder an den Stränden, »Shoppingparadiese«, Animateure und tobendes Nachtleben sucht man vergeblich. Strenge Bestimmungen verhindern die in vielen Feriengebieten üblichen Auswüchse. Gebäude beispielsweise dürfen nicht höher gebaut werden als die Bäume in der Umgebung. Nur einige wenige Bausünden auf Mahé, zumeist aus den 1970er-Jahren, sind die Ausnahme, welche diese Regel bestätigt.

Mahé ist mit knapp 85 Prozent der Gästebetten in allen Kategorien das Touristenzentrum. Auch auf Praslin und La Digue hat man noch etwas Auswahl in Sachen Unterkunft – vom einfachen, landestypischen Gästehaus bis zum Resorthotel. Auf allen anderen Inseln, die für die Beherbergung von Touristen eingerichtet sind, findet man nur ein Resort pro Insel – und viel Natur und Ruhe.

Nachdem die Seychellen bis Ende der 1990er-Jahre bekannt waren für eher mäßigen Hotel- und Servicestandard sowie ein nicht ganz stimmiges Preis-Leistungs-Verhältnis, geht heute der Trend zu hochwertigen bis exklusiven Resorts. Ein Urlaubsziel für die Massen oder für Rucksacktouristen werden die Inseln niemals sein – ganz im Sinne des strikten Naturschutzes.

Das »Beachcomber Sainte Anne Resort« liegt auf einer 200 Hektar großen Privatinsel im Marine-Nationalpark vor der Ostküste von Mahé.

Die Propellermaschinen der Air Seychelles landen problemlos auch auf den Graspisten kleiner Inseln der Inneren und Äußeren Seychellen.

Das Resort auf der Privatinsel Frégate mit nur 16 luxuriösen Villen für maximal 40 Gäste zählt zu den exklusivsten der Welt.

Oben: Das Traditionshotel »L'Archipel« auf Praslin liegt eingebettet in einen Hang vor einer kleinen Sandbucht und überblickt die gesamte Côte d'Or.

Unten links: Die »La Digue Island Lodge« ist die größte Hotelanlage der Insel und bietet verschiedene Arten von Bungalows.

Unten rechts: Auf Bird Island wohnen die Besucher in einfachen, aber gemütlichen Bungalows.

Die traditionellen Tänze und Lieder der Seychellen werden in manchen Hotels bei abendlichen Aufführungen dargeboten.

Gästehäuser wie das
»La Vanille« auf Praslin
haben nur wenige Zimmer.
Auch bei Gästehäusern
gibt es in puncto Ausstattung
und Preis große Unterschiede.

Auf La Digue ist das Fahrrad
das beste Fortbewegungs-
mittel zum näheren Erkun-
den der Insel.

# Seychellen: Planen, Reisen, Genießen

Reise- und Inselinformationen

# ALLGEMEINE INFORMATIONEN

**AUSKUNFT.** Das 2005 etablierte Fremdenverkehrsamt der Seychellen (Seychelles Tourist Board) ist im Internet unter *www.seychelles.com* präsent.

**BEVÖLKERUNG.** Die Seychellois sind ein buntes Gemisch verschiedener Rassen mit afrikanischen, europäischen, arabischen und asiatischen Wurzeln. Die ersten Bewohner waren Siedler aus Europa, die ihre afrikanischen Sklaven mit auf die Inseln brachten. Auch Inder und Chinesen sind in neuerer Zeit zugewandert. Der größte Teil der Bevölkerung stammt aber von afrikanischen Vorfahren ab. Etwa 81 500 Menschen leben auf den Seychellen, 70 000 davon auf der Hauptinsel Mahé, 8000 auf Praslin, 2500 auf La Digue. Die wenigen anderen verteilen sich auf die übrigen Inseln, die nur winzige Ansiedlungen haben. Eine Reihe von Inseln ist unbewohnt. 98 Prozent der Bevölkerung sind Christen, davon die allermeisten Katholiken. Allerdings sind auch Praktiken afrikanischer Naturreligionen noch verbreitet. Interessant ist, dass die Seychellen in Sachen außerehelicher Geburten einen weltweiten Spitzenplatz einnehmen. Etwa zwei Drittel der Kinder kommen unehelich zur Welt, viele davon von Müttern unter 18 Jahren. Vermutlich lässt sich dies auf die Kolonialzeit zurückführen, als es den Sklaven verboten war zu heiraten. Rund zwei Drittel der Bevölkerung sind jünger als 35 Jahre.

Auf den Seychellen werden romantische Reiseträume wahr.

**EINREISE, WÄHRUNG, ZEIT.** Zur Einreise genügen ein gültiger Reisepass, das Ticket für den Rückflug und der Nachweis einer gebuchten Unterkunft. Kinder benötigen einen Kinderausweis mit Lichtbild.

Die gültige Währung ist die Seychellen-Rupie (SCR) mit 100 Cent pro Rupie. Im Jahr 2006 entsprachen zehn Rupien ungefähr 1,50 Euro. Der Umgang mit Devisen ist auf den Seychellen streng geregelt. Ausländische Besucher müssen Unterkunft und alle anderen touristischen Leistungen (Mietwagen, Tauchen, Bootsfahrten, Ausflüge, Eintrittsgelder etc.) ausschließlich in Fremdwährung (Euro oder Dollar) bezahlen. Nur wer außerhalb seines Hotels essen geht, einkauft oder Taxi fährt, kann die lokale Währung nutzen. Kreditkarten werden in vielen Fällen akzeptiert.

Bei der Ankunft auf den Seychellen können Reisende aus Europa die Uhr um vier Stunden vorstellen, während der europäischen Sommerzeit um drei Stunden.

**GESUNDHEIT.** Auf den Seychellen drohen nicht die sonst in den Tropen üblichen Krankheiten wie Malaria, Gelbfieber oder Cholera. Daher sind auch keine speziellen Impfungen vorgeschrieben, außer der Reisende kommt aus einem Gelbfieber-Gebiet. Auch Raubtiere, Giftschlangen und giftige Insekten sind auf den Inseln unbekannt. Gefährlich kann dem Reisenden aus dem

Norden allerdings die Äquatorsonne werden. Guter Sonnenschutz ist daher unerlässlich, ebenso ausreichende Zufuhr von Wasser und Mineralien, um den Körper vor dem Austrocknen zu bewahren. Auch die hygienischen Verhältnisse sind gut und die medizinische Versorgung ist zumindest auf den größeren Inseln gewährleistet. Trotzdem empfiehlt es sich, vor der Reise die aktuellen Gesundheitsinformationen einzuholen.

**KLIMA UND REISEZEIT.** Durch die Lage nahe am Äquator gibt es auf den Seychellen keine Jahreszeiten im europäischen Sinn. Auf den Inseln ist daher das ganze Jahr über gleichermaßen Reisesaison. Und doch unterscheidet man drei Saisonzeiten, die klimatisch allerdings nur wenig voneinander abweichen: Von November bis März weht der Monsunwind aus Nordwesten, von Mai bis September aus Südosten, in den Zwischenmonaten ist es fast windstill, feuchter und heißer. Die Zeit des Nordwest-Monsuns gilt als etwas wärmer und feuchter, jene des Südost-Monsuns als kühler und trockener. Im Durchschnitt schwanken die Lufttemperaturen aber das ganze Jahr über zwischen 25 und 30 Grad Celsius, gelegentlich liegen sie auch darüber. Auch das Wasser des Indischen Ozeans hat stets eine Temperatur von 26 bis 29 Grad Celsius. Die Luftfeuchtigkeit ist mit 75 bis 80 Prozent deutlich niedriger und somit erträglicher als in anderen tropischen Ländern. Es regnet häufig, aber nur in seltenen Fällen länger als zwei bis drei Stunden und meist

nur lokal begrenzt. Auf den gebirgigen Granitinseln wie Mahé und Silhouette kommt es zu deutlich mehr Niederschlägen als auf den flachen Koralleneilanden. Von Wirbelstürmen bleiben die außerhalb des Zyklongürtels liegenden Seychellen mit Ausnahme ihrer südlichsten Atolle wie Aldabra oder Farquhar verschont.

Bei der Auswahl der Unterkunft auf den Seychellen kann eine Berücksichtigung der Monsunzeiten nützlich sein, denn bei vielen Hotels, die auf der jeweiligen Windseite einer Insel liegen, ist dann das Meer aufgewühlter und die Strände können von angeschwemmtem Seegras bedeckt sein.

**KULTUR.** Obwohl die Inseln nach der Besiedlung die meiste Zeit unter britischer Herrschaft standen, blieb die kolonial-französische Lebensart der frühen Siedler bis heute prägend. Dazu kommen afrikanische Einflüsse, die mit den Sklaven auf die Seychellen kamen und vor allem in Musik und Tanz ihren Niederschlag finden. *Moutia*, die traditionelle Musik-, Gesangs- und Tanzform, die ursprünglich nachts bei Fackelschein am Strand gepflegt wurde, geht auf die Lieder und Gebete der afrikanischen Sklaven zurück. Auch der beliebte, im ganzen westlichen Indischen Ozean verbreitete *Sega* hat afrikanische Wurzeln, ist heute aber stark mit populären Melodien vermischt. Außerdem bieten die mit Geige, Banjo und Akkordeon besetzten *Camtole*-Bands eine Mischung

Wanderpfade führen über die glatt geschliffenen Granitfelsen der Westküste von Mahé. Am Horizont die Insel Silhouette.

europäischer Tänze, die auf *Contredanses* beim Hof der französischen Könige zurückgehen, durchsetzt mit afrikanischen Elementen. Die Tänzer folgen dabei, ähnlich wie beim amerikanischen Squaredance, den Befehlen eines *Kondaman*, eines Ausrufers.

Die bildende Kunst entwickelte sich erst in den letzten Jahrzehnten. Am bekanntesten ist die farbenfrohe naive Genremalerei des auf Mahé lebenden Michael Adams, die eine Reihe von Nachahmern gefunden hat.

**LAGE UND GRÖSSE.** Die 115 Inseln der Seychellen haben eine Gesamt-Landmasse von nur 455 Quadratkilometern, liegen aber über eine Meeresfläche von weit über eine Million Quadratkilometern im westlichen Indischen Ozean verstreut. Der Archipel dehnt sich zwischen 4 Grad und 10 Grad südlich des Äquators aus, die Hauptinsel Mahé liegt etwa 1600 Kilometer östlich des afrikanischen Festlands. Im Osten erstreckt sich das offene Meer über 2500 Kilometer bis Sri Lanka. Die 43 Inneren Inseln, auf dem granitenen Mahé-Plateau gelegen, gelten als die eigentlichen Seychellen. Auf ihnen lebt so gut wie die gesamte Bevölkerung. Mit Ausnahme der Koralleninseln Bird und Denis am Nordrand des Mahé-Plateaus bestehen alle Inneren Inseln aus Granit oder ähnlichem Gestein. Die 72 Äußeren Inseln aus Sand und Korallenkalk ziehen sich außerhalb des Mahé-Plateaus bogenförmig in Richtung der afrikanischen Ostküste und sind erdgeschichtlich ungleich jünger als die Granit-

Die Granitformationen der Anse Source d'Argent auf La Digue dienen immer wieder als Naturkulisse für Werbefilme und Modeaufnahmen.

inseln. Die Äußeren Inseln sind großteils unbewohnt, für den Tourismus kaum erschlossen und in den meisten Fällen nur schwierig oder gar nicht zugänglich. Neben den 115 offiziell als Inseln bezeichneten Eilanden ragen noch eine Reihe weiterer Gebilde aus den Fluten des Indischen Ozeans, die meist als »Rocks« – Felsen – bezeichnet werden.

**NATURSCHUTZ.** Der Schutz der Ökosysteme der Seychellen über und unter Wasser mit der einmaligen Flora und Fauna und den zahlreichen endemischen Pflanzen- und Tierarten ist ein wesentliches Anliegen der Regierung. Trotz der geringen Landfläche steht fast die Hälfte des Landes unter Naturschutz. Das ist weltweit einzigartig. Es gibt 20 Nationalparks und 370 »sensible Zonen«, die von offiziellen Stellen überwacht und geschützt werden. Außerdem wurden zwei Bereiche der Seychellen in die Liste des UNESCO-Weltnaturerbes aufgenommen: das Aldabra-Atoll im Süden des Staatsgebietes und das Vallée de Mai auf der Insel Praslin.

**SPORT UND AKTIVITÄTEN.** Die Seychellen mit ihren zahllosen Stränden sind nicht nur ein Paradies für Schwimmer, sondern auch für Schnorchler und Taucher. Auf einer Reihe von Inseln gibt es Tauchschulen, die Ausflüge zu den schönsten Tauchplätzen der Umgebung anbieten. Das Angeln und Hochseefischen in den reichen Fischgründen des Indischen Ozeans lockt viele Hobby-

und Sportangler auf die Inseln. Segler können Boote mit oder ohne Skipper chartern und Lagunen, Buchten und Inseln auf eigene Faust erkunden. Auch wer lieber an Land bleibt, kommt auf seine Kosten. Wanderungen in den Bergen der Granitinseln gehören zu den Höhepunkten einer Seychellenreise, vor allem wenn man auf Mahé oder Silhouette in den hochgelegenen Nebelwald mit seiner ursprünglichen Fauna und Flora vordringt. Solche Wanderungen sollte man allerdings nur mit einem lokalen Führer unternehmen, da die Wege meist schlecht bezeichnet und vielfach zugewachsen sind. Auf den größeren Inseln werden Ausflüge zu Sehenswürdigkeiten an Land oder per Boot zu Nachbarinseln, beispielsweise zu den Vogelinseln Aride und Cousin, sowie zu Schnorchelplätzen oder Stränden angeboten.

**SPRACHE.** Auf den Seychellen gibt es drei Amtssprachen: Englisch, Französisch und Kreolisch. Das Seychellen-Kreolisch Seselwa ist Muttersprache des größten Teiles der Bevölkerung. Seselwa ist aus altem Französisch entstanden, hat englische, madagassische und afrikanische Elemente integriert und eine eigene Grammatik und Aussprache entwickelt. Kreolisch wird auch auf anderen Inseln des Indischen Ozeans gesprochen, etwa auf Mauritius und Réunion, ebenso in der Karibik, überall also, wohin afrikanische Sklaven verschleppt wurden. Doch unterscheidet sich Seselwa deutlich von den anderen Formen des Kreolischen. Lange Zeit war Seselwa nur

mündlich verbreitet, heute ist es auf den Seychellen auch Schriftsprache.

**TRANSPORT.** *Auto und Bus:* Nennenswerten Autoverkehr gibt es nur auf Mahé und Praslin. Hier verkehren auch Linienbusse, mit denen sich, wenn man etwas Geduld mitbringt, auch entferntere Ziele ansteuern lassen. Wer nicht gerne auf Busse wartet, kann die beiden Inseln auf eigene Faust mit dem Leihwagen erkunden oder sich halbtägig oder ganztägig ein Taxi mieten. Auf La Digue gibt es zwar auch einige Autos und Taxis, aber viele Punkte der Insel sind damit nicht zu erreichen. Daher leiht man sich auf La Digue, wie auch auf manchen anderen Inseln, für Erkundungsfahrten besser Fahrräder aus.

*Flugzeug:* Die nationale Fluglinie Air Seychelles verbindet mit ihren kleinen Twin-Otter-Propellermaschinen einige Inseln mit dem Flughafen von Mahé. Die zweitgrößte Seychelleninsel Praslin wird bis zu zwanzigmal pro Tag angeflogen, aber auch Bird, Denis und die beiden einzigen Touristeninseln der Äußeren Inseln – Desroches und Alphonse – werden regelmäßig bedient. Mit dem Helikopter werden Reisende nach Silhouette, North und Frégate gebracht oder auf Besichtigungsflüge mitgenommen. Auf einigen Äußeren Inseln gibt es weitere Flugpisten, die nur bei Bedarf angesteuert werden. Alle anderen Inseln, darunter auch La Digue, sind ausschließlich mit dem Schiff erreichbar.

Der Felsfinger in der Petite Anse Kerlan auf Praslin weist hinüber zur »Vogelinsel« Aride.

**UNTERKUNFT UND PREISE.** Auf den Seychellen stehen verschiedene Unterkunftsmöglichkeiten zur Verfügung – von Gästehäusern oder Apartments mit Selbstverpflegung über kleine und mittlere Hotels bis zu Inselresorts, bei denen den meist nur sehr wenigen Gästen die ganze Insel zur Verfügung steht. Solche Exklusivität hat allerdings je nach gebotenem Luxus ihren Preis – bis zu 2600 Euro pro Nacht. Hotels mit mehr als 25 Zimmern gelten auf den Seychellen bereits als groß. Nur ganz wenige Häuser verfügen über mehr als 100 Zimmer. Bettenburgen und Touristenghettos gibt es ebenso wenig wie tobendes Nachtleben. Den Inseln eilt der Ruf voraus, eines der teuersten Urlaubsländer der Welt zu sein. In der Tat sind die Preise für Unterkunft, Verpflegung, Nebenkosten und touristische Dienstleistungen ziemlich hoch, vor allem wenn man das Preis-Leistungs-Verhältnis mit anderen Reisezielen im Indischen Ozean oder in Asien vergleicht. Zwar waren die Seychellen aus diesem Grund noch nie ein Ziel für Massen-Pauschalreisende oder Rucksacktouristen, doch entwickelt sich der Trend in den letzten Jahren zunehmend in Richtung des gehobenen Anspruchs. Immer mehr Fünfsternehotels oder sehr exklusive Inselresorts werden eröffnet. Doch gibt es auf Mahé, Praslin und La Digue eine Reihe von Gästehäusern, Hotels und Apartmentanlagen, die dem kleineren Reisebudget angemessen sind. Mehrere Reiseveranstalter im deutschsprachigen Raum haben die Seychellen in ihrem Programm.

Die Insel Curieuse wurde 1771 durch ein von Matrosen gelegtes Feuer niedergebrannt. Man wollte durch die Vernichtung der dort wachsenden Coco-de-Mer-Palmen den Preis für die Steinfrüchte dieser Palme wieder in die Höhe treiben.

# DIE INSELN

### DIE INNEREN SEYCHELLEN

**MAHÉ** ist wegen des internationalen Flughafens das Tor zu den Seychellen. Etwa 85 Prozent der Touristen bleiben gleich auf der mit über 152 Quadratkilometern größten Insel des Archipels, denn hier gibt es die meisten Unterkünfte. Die Hauptstadt Victoria im Nordosten Mahés mit ihren über 25 000 Einwohnern ist die einzige größere Ansiedlung der Seychellen und zugleich das administrative und wirtschaftliche Zentrum des Landes mit Hafen, Markt, Konferenzzentrum, zwei Museen, einem sehenswerten Botanischen Garten und anderen Einrichtungen. Wahrzeichen Victorias ist der Glockenturm im Stadtzentrum, der 1903 nach dem Vorbild des Uhrturmes an der Londoner Vauxhall Bridge errichtet wurde. Die Vororte von Victoria wachsen nach allen Seiten die Berge hinter der Stadt empor, denn die meisten Seychellois leben in oder um Victoria.

Der breite, palmengesäumte, etwa anderthalb Kilometer lange Sandstrand der Beau Vallon Bay im Nordwesten der Insel ist das touristische Zentrum der Seychellen mit knapp einem Drittel aller Hotels, Restaurants und einer Reihe weiterer touristischer Einrichtungen. Je weiter man in den Süden der Insel kommt, desto ruhiger und beschaulicher wird Mahé. Es sind nicht nur insgesamt 65 Strände rund um die Insel verteilt, auch die dicht bewachsene Bergwelt des Inselinneren bietet viele Attraktionen. Inmitten des Morne-Seychelles-Nationalparks finden sich die höchsten Gipfel der Insel, darunter der Morne Seychelles, mit 905 Metern höchster Berg der Seychellen. In den hochgelegenen Regionen blieb die ursprüngliche Vegetation mit zahlreichen endemischen Tier- und Pflanzenarten erhalten.

An seiner Ostküste wird Mahé beständig größer. Schon über ein Quadratkilometer Land wurde dem Meer abgerungen, unter anderem die Landebahn des Flughafens. 2007 war die künstliche Insel Eden im Entstehen, auf der Apartments, Villen und eine Marina reiche Investoren anlocken sollen.

**INSELN UM MAHÉ.** Die zum Sainte-Anne-Marine-Nationalpark zusammengefasste Inselgruppe, die der Hauptstadt Victoria vorgelagert ist, besteht aus den sechs Inseln Sainte Anne, Moyenne, Round, Long, Cerf sowie der winzigen Insel Cachée. Das noch ein Stück weiter im offenen Meer gelegene Beacon Island gehört nicht mehr zum Nationalpark, ist aber ebenfalls Naturschutzgebiet und zudem ein guter Tauchplatz. Der Marine Park ist ein beliebtes Ziel für Tagesausflüge.

Auf Sainte Anne, mit etwa 200 Hektar die größte Insel, ließen sich 1770 die ersten Siedler auf den Seychellen nieder. Heute bietet die Privatinsel ein Luxusresort der Beachcomber-Gruppe. Auch auf der von etwa 100 Menschen bewohnten Insel Cerf gibt es zwei kleine Hotels.

Inselresorts entstehen gerade auf Round und Long. Letztere war bis vor Kurzem die Gefängnisinsel der Seychellen. Moyenne befindet sich in Privatbesitz, ist aber für Besucher zugänglich. Dem Flughafen vorgelagert liegt die Insel Anonyme mit einem kleinen Resorthotel. Auf der Westseite von Mahé gibt es noch zwei größere Inseln – Conception und Thérèse, die beide als Ausflugsziele gelten, ebenso das kleine L'Islette, nur einen Steinwurf vom Festland entfernt.

**PRASLIN.** Die zweitgrößte Insel der Seychellen ist mit 37,5 Quadratkilometern und etwa 8000 Bewohnern deutlich kleiner und ruhiger als das 40 Kilometer entfernte Mahé. Ursprünglich hieß Praslin »Isle de Palme«, ist die Insel doch Heimat der sagenumwobenen Coco-de-Mer-Palme. Im Vallée de Mai, einem der größten Naturschätze der Seychellen und Teil des UNESCO-Weltnaturerbes, lassen sich noch Tausende dieser Bäume in ihrer ursprünglichen Umgebung bewundern. Der Bergrücken mit seinen rötlichen Granitfelsen, der Praslin der Länge nach teilt, erhebt sich nur bis zu einer Höhe von 367 Metern, ist weniger schroff als die Berge Mahés und auch nicht mit Nebelwald bewachsen. Auf Praslin finden sich einige der schönsten Strände der Seychellen, etwa die Anse Lazio oder die Côte d'Or. Das beschauliche Baie Ste Anne, Hauptort der Insel mit Hospital, Bank, Polizeirevier und einigen kleinen Läden, ist auch Anlegestelle der Fähre, die Praslin mit La Digue verbindet.

Mächtige Granitfelsen machen die Anse Source d'Argent auf La Digue zu einem Kunstwerk der Natur.

**INSELN UM PRASLIN.** Nur knapp zwei Kilometer nordöstlich von Praslin entfernt liegt Curieuse als Zentrum eines Marine-Nationalparks. Die Insel wurde 1771 von einem durch Brandstifter gelegten Feuer schwer geschädigt und diente ab 1833 als Leprastation. Die besonders bizarr geformten Granitfelsen, der schöne Wanderweg über die Hügel zur anderen Seite der Insel, wo Mangrovensümpfe erhalten sind, sowie eine Aufzuchtstation für Landschildkröten, in der sich die sanften Riesen in ihren verschiedenen Wachstumsstadien bewundern lassen, sind die hauptsächlichen Attraktionen dieser Ausflugsinsel.

Von besonderem Interesse sind die beiden Vogelinseln Aride und Cousin, die im Rahmen von Tagesausflügen besucht werden können. Aride, wo einst tropische Früchte und Gewürze angebaut wurden, gehört heute der englischen Royal Society of Wildlife Trust und wird von der Island Conservation Society der Seychellen verwaltet. Nur etwa sechs Mitarbeiter der Naturschutzbehörde leben in den alten Plantagenhäusern und führen die wenigen Touristen, die die größte Kolonie von Seevögeln auf den Granitinseln besuchen. Über 1,25 Millionen Seevögel brüten dort jedes Jahr.

Auch Cousin, ehemals eine Kokosplantage, ist heute Vogelschutzinsel und gehört dem International Council for the Protection of Birds. Zahlreiche seltene Vogelarten brüten ungestört von Ratten und anderen Feinden in diesem kleinen Naturschutzgebiet. »Verwandt« mit Cousin ist die etwa zwei Kilometer südöstlich gelegene Insel Cousine. Sie befindet sich in Privatbesitz und bietet ein Luxusresort für maximal acht Gäste. Auch auf der kleinen Insel Chauve Soris, nur 200 Meter vor der feinsandigen Côte d'Or gelegen, kann man exklusiv wohnen, während das Felseninselchen St. Pierre Islet zu den schönsten Schnorchelplätzen der Seychellen zählt. Round Island sei nur der Vollständigkeit halber erwähnt, da seine Granitformationen von den Reisenden bewundert werden, die mit der Fähre nach La Digue fahren.

**SILHOUETTE UND NORTH.** Silhouette, die westlichste der Inneren Inseln, ist mit fast 20 Quadratkilometern die drittgrößte. Wie Mahé ist Silhouette gebirgig und auch hier ist in den höher gelegenen Regionen noch der Nebelwald mit seiner reichen Fauna und Flora erhalten. Die höchste Erhebung der Insel, der 751 Meter hohe Mont Dauban, ist der zweitgrößte Berg der Seychellen. An den drei Gipfeln der Insel bleiben oft Wolken hängen und sorgen für überdurchschnittlich hohe Niederschlagsmengen. Die Insel bietet herrliche Strände, stille Wanderwege, eines der schönsten Kolonialhäuser der Seychellen inmitten einer Kokosplantage sowie das klassizistische Grab der Familie Dauban, die über lange Zeit Besitzer von Silhouette war. In der Nähe einer Ansiedlung mit etwa 200 Bewohnern stand für Gäste viele Jahre lang eine einfache Lodge zur Verfügung. Ende 2006 wurde diese durch ein großes Touristenresort mit über 100 Pavillons und Villen ersetzt.

Die Insel North bietet eine kleine luxuriöse Resortanlage.

Nur sechs Kilometer nördlich von Silhouette liegt die Nachbarinsel North mit schönen, über 200 Meter hohen Felsbergen, langen Sandstränden und den Bewohnern einer kleinen landwirtschaftlichen Ansiedlung. An einem der Strände wurde ein Luxusresort mit nur elf Villen erbaut, dessen Besitzer auf Erhaltung der Natur und umweltverträglichen Tourismus setzen.

**LA DIGUE** ist nur mit dem Schiff zu erreichen. 20 bis 30 Minuten dauert die Überfahrt zur sieben Kilometer von Praslin entfernten Insel, die mit über zehn Quadratkilometern die viertgrößte der Seychellen ist. Die Strände von La Digue mit ihren großartigen Granitformationen gelten als die spektakulärsten des Indischen Ozeans, vor allem die Anse Source d'Argent und die Grand Anse. Doch auch Anse Patates oder Petite Anse sind wildromantische Tropenstrände wie aus dem Bilderbuch. Das zieht die Tagesausflügler von Mahé und Praslin in Scharen – natürlich gemessen mit Seychellen-Maßstäben – nach La Digue, und zwar eben an diese berühmten, durch Werbefilme und Modefotografien bekannt gewordenen Strände. Vielen gilt La Digue als schönste der größeren Seychelleninseln. Das Leben der etwa 2500 Einwohner scheint noch immer geprägt von ländlichem Charme, selbst wenn nun auch einige Autos an der erst seit wenigen Jahren asphaltierten Straße an der Westküste fahren und das ehemals einzige Fortbewegungsmittel, der Ochsenkarren, nur mehr von Touristen genutzt wird. La

Digue lässt sich ideal zu Fuß oder per Fahrrad erkunden. Wer mehr Zeit hat, wird im L'Union Estate die alte Kopramühle besichtigen, das Reservat des Paradies-Fliegenschnäppers – einer endemischen Vogelart – besuchen oder die höchste Erhebung der Insel besteigen, den 333 Meter hohen Nid d'Aigles (»Adlernest«, obwohl es auf den Seychellen nie Adler gab).

**FÉLICITÉ UND UMLIEGENDE INSELN.** Félicité, nordöstlich von La Digue gelegen, ist eine 2,6 Quadratkilometer große Privatinsel mit über 200 Meter hohen Granitbergen. Die für maximal 16 Personen geeigneten Bungalows können nur im Ganzen gebucht werden – man mietet also die gesamte Insel. Félicité ist umgeben von den Inseln Marianne, Cocos, La Fouche und den beiden »Schwestern« Grand Sœur und Petit Sœur. Das Meer um diese Inselgruppe ist ein beliebtes Ausflugsziel für Schnorchler und Taucher.

**FRÉGATE,** ehemals Schlupfwinkel von Piraten, ist heute eine Privatinsel mit einem der exklusivsten Ferienresorts der Welt. Vor Eröffnung der 16 Luxusbungalows wurden auf Frégate tropische Früchte, Gemüse und Gewürze angebaut – noch heute deckt das Resort seinen Bedarf aus Eigenanbau – und die wenigen Touristen kamen in dem romantischen, von einem riesigen Banyanbaum überwachsenen Pflanzerhaus unter. Die Insel mit herrlichen Stränden, Korallenriffen und dicht bewachsenen,

Von den Felsklippen des Ste Maries's Point auf Praslin reicht der Blick über die Inseln Cousin und Cousine bis nach Mahé.

bis zu 125 Meter hohen Granitbergen ist noch immer ein Naturparadies mit vielen seltenen Tier-, Vogel- und Pflanzenarten. Auch Riesenschildkröten bewegen sich frei auf der Insel. Von der wilden Südwestküste schweift der Blick über kleine Felseninseln hinüber bis zum etwa 50 Kilometer entfernten Mahé.

**BIRD UND DENIS.** Die beiden einzigen Koralleninseln der Inneren Seychellen liegen am nördlichen Rand des Mahé-Plateaus. In unmittelbarer Nähe der Inseln fällt dieser Granitsockel stufenweise bis in eine Tiefe von über 1800 Metern ab. Auf den Inseln findet sich je ein Bungalow-Resort. Setzt Denis eher auf sportlich-luxuriöses Flair mit Tauchschule und Sportangebot, gilt Bird vor allem bei Reisenden, die absolute Ruhe und Abgeschiedenheit bevorzugen, sowie bei Vogelfreunden als Idealziel. Auf dem etwas größeren Denis gibt es neben schönen Stränden mit exzellenten Tauch- und Schnorchelplätzen ein kleines Dorf, eine aufgegebene Plantage, einen Leuchtturm und viele alte Kasuarinenbäume, die teilweise sogar als Allee gepflanzt wurden. Doch mit den Menschen kamen auch Hunde, Katzen und Ratten auf die Insel, was die Tier- und Vogelwelt sehr beeinträchtigte.

Bird Island hingegen ist, wie der Name andeutet, ein Vogelparadies. Jährlich zwischen April und Oktober brüten über 800 000 Rußseeschwalbenpaare auf der Insel, zusammen mit vielen weiteren Vogelarten. Viele der Vögel zeigen kaum Scheu und lassen sich aus nächster Nähe beobachten. Ein großer Teil der Insel ist für die am Boden brütenden Seeschwalben reserviert, eine Reihe von Riesenschildkröten bewegt sich frei auf der Insel, darunter Esmeralda, die größte Landschildkröte der Welt. Auch Meeresschildkröten steuern die Insel an, um dort ihre Eier abzulegen. Die strikt auf Bewahrung der Natur bedachten Inselbesitzer haben ein Programm zum Schutz der Eier der Meeresschildkröten ins Leben gerufen, damit möglichst viele Schildkrötenbabys schlüpfen und sicher das Meer erreichen.

## DIE ÄUSSEREN SEYCHELLEN

**DIE AMIRANTEN,** eine Gruppe von niederen Koralleninseln, liegen zwischen 200 und 340 Kilometer südwestlich von Mahé. Zu ihnen zählen die Inseln African Banks, Rémire, D'Arros, Desroches, Étoille, Boudeuse, Marie-Louise und Desnœfs sowie die Atolle St. Joseph und Poivre. Nur insgesamt knapp 150 Menschen leben auf diesen Eilanden und nur vier Inseln besitzen eine Landepiste für Flugzeuge.

Desroches ist die wichtigste Insel, nicht nur wegen der Kokosplantage mit Koprafabrik – von Desroches stammt das hochwertigste Kopra des gesamten Indischen Ozeans –, sondern auch wegen der einzigen Resortanlage der Amiranten. Lange Palmenstrände und exzellente Tauchplätze mit Grotten, Tunneln und Durchbrüchen im umliegenden Korallenriff locken die Touristen an.

Blick von der Westküste von Frégate über die vorgelagerte Felseninsel L'Ilot Frégate zum 50 Kilometer entfernten Mahé.

**DIE ALPHONSE-GRUPPE** umfasst die drei Inseln Alphonse, Bijoutier und St. François. Auf Alphonse wurde 1999 ein Resort eröffnet, neben dem auf Desroches das einzige der Äußeren Inseln. Auch hier finden sich exzellente Tauchplätze.

**PLATE UND COËTIVY.** Die Koralleninseln Plate und Coëtivy liegen einsam im Indischen Ozean. Plate ist unbewohnt, Coëtivy, die östlichste Seychelleninsel, beherbergt nur die Arbeiter von Gärtnereien und einer Aquafarm, die Garnelen für den Bedarf der Hotels auf den Seychellen und für den Export züchtet.

**DIE FARQUHAR-GRUPPE** besteht aus den Atollen Farquhar und Providence sowie der Insel St. Pierre. Nur auf einer der Teilinseln des Farquhar-Atolls gibt es eine Landebahn für Flugzeuge. Die etwa 100 Einwohner leben von Kopraproduktion und Fischfang, auf St. Pierre wird zudem Guano abgebaut.

**DIE ALDABRA-GRUPPE.** Die Atolle Aldabra und Cosmoledo mit ihren Einzelinseln sowie die Inseln Assumption bei Aldabra und Astove südlich von Cosmoledo lassen sich zu einer Gruppe zusammenfassen. Sie liegen viel näher an Afrika und Madagaskar als an Mahé. Während auf Assumption und Astove von den wenigen Bewohnern seit vielen Jahren intensiv Guano abgebaut wird – was die Natur dort schwerstens schädigte –, ist Cosmoledo unbewohnt und konnte seine ursprüngliche Flora und Fauna weitgehend erhalten.

Aldabra wurde 1968 unter Naturschutz gestellt und ist seit 1983 Teil des UNESCO-Weltnaturerbes. Das Aldabra-Atoll ist mit einer Gesamtgröße von 365 Quadratkilometern das größte Atoll des Indischen Ozeans und die Landfläche seiner Teilinseln ist zusammengenommen größer als die von Mahé. Bis zu acht Meter hoch aufragender, stark verwitterter Korallenkalk mit pilzähnlichen Gebilden sowie lange Strände, bis zu 30 Meter hohe Sanddünen, Mangrovensümpfe, Palmen und dorniges Gestrüpp prägen das karge Äußere des Atolls. Durch seine abgeschiedene Lage und die Tatsache, dass eine wirtschaftliche Nutzung kaum möglich war und immer wieder schwere Stürme über das Atoll hinwegfegen – Aldabra liegt innerhalb des Zyklongürtels –, blieb hier die ursprüngliche Natur nahezu unbeschadet erhalten. Mehr als 100 000 Riesenschildkröten leben auf dem Atoll, dazu viele seltene Vogelarten. Nur eine Handvoll Wissenschaftler harrt in der Ansiedlung mit Forschungsstation auf West Island aus. Touristen dürfen Aldabra nur mit Sondergenehmigung besuchen, entweder auf einer langen Bootsreise von den Inneren Seychellen aus oder indem sie nach Assumption fliegen und von dort aus zum etwa 30 Kilometer entfernten Aldabra übersetzen. Es gibt auf dem Atoll keinerlei touristische Einrichtungen. Wer die kostspielige Reise unternimmt, nächtigt entweder auf dem Schiff oder in einer Unterkunft auf Assumption.

Auf Wanderwegen, wie hier von der Grand Anse zur Petite Anse auf La Digue, öffnen sich immer wieder herrliche Ausblicke auf Palmen, Granitfelsen und Meer.

# SEYCHELLEN

## Innere Seychellen

Bird

Denis

### Innere Seychellen

Aride

Booby Rock

Curieuse

Cousin

Cousine

Félicité

Praslin

La Digue

North

Mamelles

Silhouette

Mahé

Ste Anne

Île aux Récifs

Frégate

L' Ilot Frégate

20 km

Praslin

Mahé

### Innere Seychellen

African Banks

Rémire

D' Arros

St Joseph-Atoll

**Amiranten**

Desroches

Étoille

Poivre-Atoll

Plate

Boudeuse

Desnœufs

Marie-Louise

Alphonse

Bijoutier

**Alphonse-Gruppe**

St François

Coëtivy

### Äußere Seychellen

## Indischer Ozean

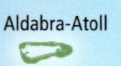

Aldabra-Atoll

**Aldabra-Gruppe**

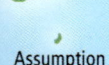

Assumption

Cosmoledo-Atoll

Astove

St Pierre

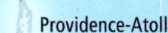

Providence-Atoll

**Farquhar-Gruppe**

Farquhar-Atoll

100 km

# Mahé

Anse Nord-Est

Nationalpark
Ste Anne Marine

Beau Vallon Bay

Ste Anne

Beacon

Round   Moyenne

**Victoria** ○

Long

Baie Ternay

Cerf

Nationalpark Morne Seychellois

Cachée

△
905 m

Port Launay

Anonyme

Conception

Port
Glaud

Internationaler
Flughafen

Thérèse

Grand Anse

Île aux Vaches

Anse Boileau

Anse aux Pins

Anse la Mouche

Anse Soleil

Anse Royale

Baie
Lazare

Anse Takamaka

Anse Marie-Louise

Anse Intendance

10 km

# Praslin

Anse Georgette

Anse
Lazio

Curieuse

Anse Kerlan

Côte d' Or/
Anse Volbert

Grand
Anse

Flughafen ✈

Nationalpark Vallée de Mai

Cousin

Grand Anse

**Baie Ste Anne**

△
367 m

○

Cousine

Baie Ste Anne

Round

4 km

# La Digue

Petite Sœur

Grand Sœur

La Fouche

Cocos

Félicité

Anse Patates

Marianne

La Passe ○

La Digue

△
333 m

Anse Source d' Argent

Anse Cocos

Petite Anse

Grand Anse

3 km

## Franz Binder

Lebt und arbeitet als freier Schriftsteller,
Fotojournalist und Grafiker in München.
Bislang etwa 25 Buchveröffentlichungen in
verschiedenen Verlagen im Bereich Belletristik und
Sachbuch, darunter zwei Romane, Erzählungen und
mehrere Bildbände und Bücher über den tibetischen
Kulturkreis und Zentralasien.
Franz Binder hat die Seychellen bislang achtmal
mit der Kamera bereist.
Rechts im Bild Esmeralda, die auf Bird-Island
lebende größte Landschildkröte der Welt.

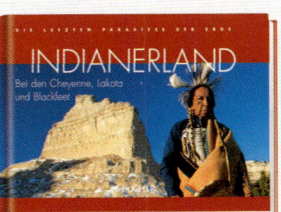

## Impressum

**Bildnachweis:**

Alle Fotos von Franz Binder, außer
S. 24, 257: Beachcomber Sainte Anne Resort
S. 56, 114, 259: Frégate Island Private
S. 178, 180, 186, 187, 188, 192: Martin
    Waldhauser
S. 251 links oben und links unten: Giuliano
    Gerra / Silvio Sommazzi
S. 260 oben: Hotel L'Archipel, Praslin
S. 260 unten links: La Digue Island Lodge
S. 276: Wilderness Safaris, Dana Allen
S. 286: Ayshen Delemen

Die Landkarten auf den Seiten 284 und 285
gestalteten A+W Thieme, München.

**Einbandfotos:**

Vorderseite:
    Anse Patates auf der Insel La Digue
Rückseite (von links nach rechts):
    Weißschwanz-Tropikvogel
    Granitformation auf La Digue
    Blüte des Kanonenkugelbaums

Alle Angaben dieses Bandes wurden vom Autor
sorgfältig recherchiert und vom Verlag auf
Stimmigkeit und Aktualität geprüft. Allerdings
kann keine Haftung für die Richtigkeit der
Informationen übernommen werden.

Für Hinweise und Anregungen
sind wir dankbar. Zuschriften an den:
C.J. Bucher Verlag, Produktmanagement,
Postfach 800240, D-81673 München.
E-Mail: lektorat@bucher-verlag.de

Konzept, Produktmanagement: J. Hellmuth
Textlektorat: Caroline Kazianka
Layoutkonzept: Werner Poll, München
Herstellung: Bettina Schippel
Repro: Repro Ludwig, Zell am See
Printed and bound in Slowenia
by MKT Print, Ljubljana

© 2007 C.J. Bucher Verlag GmbH, München
ISBN 978-3-7658-1643-7